なぜ、結果を出しているのに評価が低いのか？

人事の超プロが教える
評価される人、されない人

フォー・ノーツ株式会社
代表取締役社長
「人事の学校」主宰
西尾　太

日本実業出版社

はじめに――これまで誰も語らなかった「評価」のリアル

あなたは、どんな「評価」をされていますか?

自分の「評価」に満足していますか?

私たちは、いつも誰かの「評価」を意識しながら暮らしています。

会社や上司、職場の人々はもちろん、SNSの発達によって「いいね!」やリツイート、フォロワーの数などによっても人物の評価がなされる傾向が強まり、仕事以外の場面でも、他者の「評価」を意識せざるを得ない時代になりました。

だから、なのでしょう。

「他人の評価なんて気にするのはやめよう」「嫌われる勇気を持ちましょう」といったメッセージが支持されるようになっています。

誰もが人の目なんて気にせず、自由に発言したい、自分らしく振る舞いたいと願うものです。他者の「評価」を意識することに対して、ネガティブな印象を持つ風潮になったのは、当然なのかもしれません。

「評価」を気にするビジネスパーソンというと、常に上司や周囲の目を気にしているような、せせこましい印象を抱く人もいるでしょう。

とはいえ、私たちは、他者の「評価」から逃れることはできません。仕事をしていれば、常に「評価」がつきまとってきます。

昇進、昇給、ボーナス、異動、左遷やリストラ、転職するにしても、起業するにしても、キャリアのすべては「評価」によって決まります。職場の人間関係にしても、周囲の人々の「評価」が働きやすさ、生きやすさに大きく影響します。

好むと好まざるとにかかわらず、私たちは「評価」と無縁に生きることはできないのです。

だからこそ、自身の「評価」についてあらためて考えてみませんか？

「自分のほうが実力もあり、結果も出しているのに、なんであの人のほうが評価されているんだ」と不満を持ったことはありませんか？

「努力も成長もしているのに、適切な評価をされず、やりきれない思いを抱いたり、今の会社や仕事を続けていくべきか？」と悩んだりしたことはありませんか？

そもそも会社での「評価」とは、どのように決まるのでしょうか？

その仕組みを、あなたは知っていますか？

私は、評価・給与・教育など、300社以上の企業の人事全般に携わり、これまで1万人以上のビジネスパーソンの面談や相談を行ってきました。

多くの人々が、自分の「評価」について悩んでいます。部下やメンバーの人事評価について頭を悩ませているマネージャー層も多くいます。

その理由は、何をすれば評価されるのか、あるいは部下をどのように評価したらいいのか、その基準をほとんどの企業が明らかにしていないからです。

しかし、**正しく「評価」される方法・する方法はあるのです。**

私は、約30年間にわたって人事関連の活動をするなかで、ある発見をしました。**世界的規模の大企業であっても、社員数名のベンチャー企業であっても、またどんな業界・職種であっても、じつは「評価の仕組み」は、ほとんど同じなのです。**

新人、メンバー、チーフ、課長、部長など、キャリアや職位に応じて「会社が社員に求めること」は、どんな企業もほぼ一緒。つまり、たとえ公表されていなくても、あらゆる企業に共通している、絶対的かつ普遍的な評価の仕組みである「評価基準」が存在しているのです。

２０１５年に『人事の超プロが明かす 評価基準』（三笠書房）という本を上梓《じょうし》し、この発見について詳しく解説すると、人事関連の書籍としては異例のヒットとなり、私自身も驚くような反響をいただきました。

これは多くのビジネスパーソンが、自身の「評価」に不満を抱いたり、部下やメンバーの評価について悩んでいたことの証なのでしょう。

けれども、この本では触れられなかった事実があります。

評価は、最終的には「性格」の影響を大きく受ける、ということです。

「評価」とは、基本的には「成果」と「行動」によって決まります。会社が社員に求めていることは、どんな企業もほぼ一緒。それを理解し、「行動」を変えれば、「成果」につながり、「評価」は確実に上がります。

昇進はもちろん、給与も上がり、どこに行っても通用する力が身につき、人生の選択肢が大きく広がります。

ただし、それを実現するためには、もう1つ重要なことがあるのです。

それは、自分の「性格」をよく知ることです。

これらのことは、人事分野ではタブー視されているため、これまで誰も明言してきませんでしたが、多くの日本企業の「評価」におけるリアルな実状なのです（「性格」を含む要因は、人事分野の専門用語で「パーソナリティ」とも呼ばれています）。

これらの事実を知らないために、**努力や成長の方向を見誤ってしまい、自分では結**

果を出しているつもりでも適切な評価を得られていない「もったいない」ビジネスパーソンが非常に多くいます。

正しい評価の上げ方を知らなければ、どんなに実力があっても、結果を出しても、せっかくの努力が無駄になってしまいます。

どうせ頑張るのなら、その成果はきちんと「評価」されるべきです。

ゲームもスポーツも、ルールを知らなければ勝てません。それは仕事も同じです。評価の現実を理解することが、あなたのキャリアを大きく左右するのです。

「性格なんて変えようがない。ハードルが高すぎる！」

そう思う人も多いでしょう。でも、決してそんなことはありません。性格とは生まれつきのものでも、変えられないものでもないのです。

本書は、**多くの会社が公表していない「評価の仕組み」を明らかにするとともに、そこに「性格」がどのように影響しているのかを詳しく解説します。**

評価される人、されない人の違いは何か、評価を高めるためには、どんな行動をしたらいいのか、その具体的なノウハウをお伝えします。

さらに、あなたの性格（パーソナリティ）を見える化する「自己診断チェックシート」も用意しました。簡単な質問に答えるだけで、自分の性格が客観的に理解できます。強みや弱み、伸ばすべき点や改善すべき点についてもフィードバックします。

もちろん、性格に「良い・悪い」はありません。どんな特徴も大事な個性です。ただし、こと仕事においては、ある特徴がプラスに作用することもあれば、マイナスに作用することもあります。

私たちは、意外と自分のことを知らないものです。「自分が思っている自分」と「他人が思っている自分」が大きく食い違っていることも珍しくありません。

会社が見ているのは「結果」だけではありません。ふだんの何気ない発言や無意識の行動が、じつは「評価」に大きく影響しているのです。

自分自身についても理解を深め、あなたの個性を力に変えましょう。

人と企業の成長を促進することが、私の願いです。

自身の評価に満足していない人、さらなるキャリアアップを目指している人、そして部下のマネジメントに悩んでいる人も、ぜひ手に取ってみてください。

本書が、あなたの現状打破の一助となることを心より願っております。

２０１８年12月

西尾　太

目次

なぜ、結果を出しているのに評価が低いのか？

第1章 あなたの評価はどうやって決まるのか？

第2章 評価で得する人、損する人

第3章 評価が高い人は「自分」を知っている

第4章

あなたのパーソナリティを「見える化」する自己診断チェックシート

第5章 性格で損をせずに、評価を高めるために大事なのは「影響力」

カバーデザイン　重原隆
本文デザイン・DTP　松好那名(matt's work)
構成　谷田俊太郎
企画協力　天田幸宏(コンセプトワークス株式会社)

第1章

あなたの評価はどうやって決まるのか？

なぜ、Aさんは社内NO.1の売上なのに評価が低いのか？

「私は社内NO・1の営業成績なのに、会社の評価は標準レベルの『A』。成果を出しても高く評価されないなんて、おかしいと思いませんか？」

ある人から、こんな相談を受けました。仮にAさんとします。

ちなみに、私は人事評価は「人を褒める仕組み」でもあるべきだと考えているため、評価で使用する評語は次のような意味で使用することをお勧めしています。

SS……スペシャルすごい!!

S……すごい！

A……ありがとう
B……挽回しましょう
C……かなり挽回しましょう

話をAさんに戻します。Aさんは、30歳の男性。上場メーカーに新卒で入社して、今年で7年目の営業職。営業成績が優秀で、社長賞も過去3回取っている営業のエースです。大口案件を扱うのが得意で、クライアントからの評判も上々。その営業成績を評価され、昨年、会社で初めての20代の課長職に抜擢されました。営業成績だけでなく、語学も堪能。全般の能力が高く、周囲からも次世代の幹部候補として注目されています。

しかし、**「頑張って結果を出しても高く評価されない」「自己評価より低く評価され、その理由がわからない」**などと、Aさんと同じような悩みを抱えている人は少なくないでしょう。

それはなぜなのか？　Aさんの事例を参考に詳しく見てみましょう。

最近は、評価の公正性を保つために外部のコンサルタントなども交えた「評価会議」というミーティングを行っている企業が増えています。これは評価者同士が集まり、評価の妥当性を検討したり、甘辛の調整をしたりする会議です。私は、Aさんの会社の評価会議に参加していました。

その会社では、まず本人が「自己評価」を提出し、それをもとに上司が「一次評価」を決定します。さらに、「一次評価」について社長や、ほかの評価者たちが話し合い、「最終評価」が確定するという流れになっています。

Aさんは自己評価シートの「目標達成」「人的ネットワーキング」「傾聴力」の3つの評価項目に、標準以上の「S」評価をつけ、総合評価も「S」にしていました。

本人の記入欄には、次のコメントが記されていました。

目標達成……進捗に問題が出たが、最終的には目標を超えることができた。

人的ネットワーキング……顧客のキーマンを把握し、コミュニケーションを適切にとっている。結果、受注にも結びついている。

傾聴力……顧客の話をよく聞いていると思う。だから指名の受注があるのだととらえている。

Aさんの自己評価シート（一部抜粋）

行動項目	行動項目の定義	本人記入	
		自己評価	評価
理念浸透行動（理念共感）	会社の理念に共感しており、理念に基づいた言動を行う。その仕事が理念に則っているかを判断し、理念行動を促す。理念の実現に向けて、どんなときも理念に沿った言動をとる	目の前の仕事に視野が狭くなる時もあったが、自分の仕事の目的、意義を確認してモチベーションを取り戻し、仕事に取り組むことが出来た。	A
創造的能力	未体験の問題解決に適した新たなアイデア（モノ、方法 しくみ、発明など）を生み出し、企業活動に価値あるものとして具現化する力がある。創造性の成就性であり、十分条件となる。	これまでのやり方に捉われず、新たな企画、業務改善の提案を行った。	A+
目標達成	組織やプロジェクトの重要な目標を達成する。達成にこだわり、あきらめず、可能性を追求しあらゆる手段を尽くす。何事も実行を重視し、反対や困難があってもひるまず行動する。	進捗に問題が出たが、最終的には目標を超えることができた。	S
人材育成	メンバーの技術や能力の向上を積極的に支援する。個別の目標設定を促し、評価し、フィードバックを適切に行いながら、課題点を明らかにし、成長させる。	メンバーと業務上必要なコミュニケーションをとり、チームとして結果をだしている。	A
人的ネットワーキング	社内外の人的ネットワークを構築し、活用する。企画を通すために根回し、理解を得て、実現への組織合意を形成する。多面的な分野の人材とのネットワークを持ち、協力を得る。	顧客のキーマンを把握し、コミュニケーションを適切にとっている。結果、受注にも結び付いている。	S
改善	目標と現状の差異を確認し、問題を把握し、より良い方法を常に工夫する。無駄を排除し、より効率的な仕事の進め方を考え実行する。	スピードを重視し、より早く業務を進めるために、無駄なことがないか常に意識し改善している。	A+
傾聴力	相手の話をよく聞き、相手がわかってくれたと思うまで、理解する。理解を示し、相手の信頼を得る。	顧客の話をよく聞いていると思う。だから、指名の受注があるのだと捉えている。	S
カスタマー	顧客の求めるものを理解し、常に顧客満足を得られるものを提供しようとする。フォローを適切に行い、満足度を向上させる。	フォローについては不定期であったが、顧客満足は得られいた。	A
		総合評価	S

Aさんの「自己評価」をもとにした、上司である営業部長による「一次評価」も、すべての項目がほぼ同じ評価で、総合評価はやはり「S」でした。

ところが、評価会議の席上で、ほかの部長たちから次のような指摘があったのです。

・営業手法が強引で、大幅な値引きでねじ込んだり、経費の使い方も荒い
・初の20代マネージャーという肩書きに天狗になっている
・一方で、マネジメントそのものにはまったく興味を持っていない
・部下の育成にも興味がなく、部下や後輩に対しては「なんでできないの?」が口癖
・部下に限らず、先輩社員や他部署も含め、コミュニケーションに難がある

一次評価者の営業部長はAさんの実力を高く評価しており、今回も社長賞の候補だと予想していました。しかし、ほかの部長たちからこのような厳しい指摘があり、「課長への昇進も早かったのではないか?」との声まで上がりました。

上司である営業部長としては想定外でしたが、ほぼ全員から同じ声が上がり、事実

を1つひとつ確認した結果、受け入れざるを得ませんでした。

その結果、「目標達成」だけは「S」のままでしたが、「人的ネットワーキング」は評価が1つ下げられ「A」に、「人材育成」と「傾聴力」は2つ下げられ「B」に。

総合評価も「B」が妥当なのではないか、という意見まで出ましたが、上司である営業部長のフォローもあって、最終的にはぎりぎり「A」に落ち着きました。

ほかの部長たちによる最終的な評価のコメントは、次の通りです。

・直属の上司とだけ仕事をしているように見える。直属の上司への見せ方がうまい
・社内のルールなどを守らず、管理部門の社員からの評判がすこぶる悪い
・数字上の成績は良いが、部下の育成をしておらず、面倒を見ているように見えない
・一匹狼的で、横にも上にも下にも、ほぼ情報共有がない

評価とは「成果」だけで決まるわけでありません。マネージャーにはマネージャーとして会社が求めていることがあり、ふだんの言動も評価の対象になっています。

プレーヤーとしては優秀だけれど、マネージャーとしては失格。このように評価さ

れ、昇進したとたんに、評価が下がる人がじつは数多くいます。

Aさんが社内NO・1の売上なのに評価が低かった理由は、自分に求められていることを理解していなかったこと、そして日常の無自覚な言動にありました。

後日、Aさんにこの話を伝えると、こういっていました。

「ああ、僕は上司の営業部長のことは尊敬していましたが、次に優秀なのは自分だと思っていて、ほかの社員にはまったく興味を持っていなかったんですよ……」

あなたは自分の評価がどうやって決まっているのか知っていますか？

自分のことをよく理解していますか？

その見識の有無が、あなたの評価を大きく左右します。まずは「評価の仕組み」について理解を深めることから始めましょう。

どんな企業にも共通する、普遍的な「評価基準＝コンピテンシー」

頑張っているのに評価されなかったり、自己評価よりも低く評価されてしまう理由の1つは、「評価の仕組み」を知らないことにあります。

これは、必ずしも本人のせいとはいえません。

なぜなら、何をすれば評価が上がり、何をすれば評価が下がるのか、多くの企業では、その基準を公開していないからです。

経済産業省の調べでは、日本には約４２１万の企業があります。しかし、具体的で適切な評価基準を公開している企業は、わずか１割程度。先進的な上場企業で、ようやく３分の１以下。それが私の実感です。

大多数の企業では、明確な評価基準を示さないまま「好き嫌い」を含めた上司の主

観によって評価を行っているのが実状なのです。

働く人にしてみれば、何をすれば評価され、何をすると評価されないのか、その仕組みを知ることができれば、成長や努力の方向性が明確になります。より効率良く、高い能力を発揮できるようになります。

それがわからないから、多くの人が自分の評価に不満や疑問を抱いたり、モチベーションが下がったり、自分の将来に不安を感じてしまったりしているのです。

でも、嘆いても始まりません。たとえ会社の評価基準が不明確でも、評価制度そのものがなくても、評価されるのは自分自身です。自らで評価される自分に変えていくしかありません。

私は、これまで300社以上の評価制度の設計や運用、採用や教育に携わるなかで、ある発見をしました。

世界的な規模の大企業であっても、社員数名のベンチャー企業であっても、また、いかなる業種や職種であっても「成長している元気のいい企業」の人事制度の根幹は、ほとんど同じ形をしているのです。

新人、メンバー、チーフ、課長、部長など、キャリアや職位に応じて会社が社員に求めていることは、どんな企業もほぼ一緒。つまり、明確に「見える化」されていないだけで、じつはどんな企業にも共通する普遍的な「評価基準」が存在しているのです。

これは多くの人が気づいていない、評価を高めるための原理原則でもあります。**どんな企業にも共通する普遍的な「評価基準」を理解し、実行できれば、どんな会社でも、どんな業界でも通用する人材になれるのです。**

前項のAさんの自己評価シートにあった評価項目「目標達成」「人的ネットワーキング」「傾聴力」も、普遍的な評価基準です。

人事の世界では、これらの評価項目を「コンピテンシー」と呼んでいます。**コンピテンシーとは「成果につながる行動」や「活躍する人の特徴的な考え方や行動」を意味する言葉で、まさに会社が社員に求めている「評価基準」そのものです。**

日本では、戦後から高度成長期にかけては「能力」で社員を評価する考え方が中心になっていましたが、能力は目に見えません。そのため、「年齢や経験が高まれば能力も高くなる」という考えにもとづいて、実質的には「年齢」や「勤続年数」で処遇を決める、いわゆる「年功序列制度」と、ほぼイコールの仕組みが広く定着してきました。

しかし、1990代のバブル崩壊以降、多くの企業では「年功序列制度」を維持することが困難になり、欧米型の「成果主義」が一大ブームになります。

数字や売上などの「成果」のみで社員を評価する成果主義は、社員の実力だけで評価される最も公正な考え方に思われました。

ところが、売上や利益以外は「成果」として数値化しにくいことや、短期的かつ過酷な目標設定による過度のストレス、自己の成績のみに邁進する社員の増加による社内の人間関係の悪化、人材育成の放棄など、数々の問題点が浮き彫りになりました。

その結果、大幅な軌道修正や見直し、撤廃を余儀なくされる会社が続出しました。

そのような経緯を経て、現在は「行動」と「成果」の2つの軸によって社員を評価する考え方が主流になっています。能力は目に見えませんが、行動は実際に目にすることができます。成果は運や環境に左右されますが、行動は再現性を予見できます。

この**「行動」こそが「コンピテンシー」なのです**。

では、どんな企業にも共通する普遍的な「評価基準＝コンピテンシー」とは何か、職位ごとの「成果につながる行動」をすべて紹介します。

これは、社員2000名の上場企業から社員3名のベンチャー企業まで、多くの会社で実際に導入・運用されているものです。

新人、メンバー、チーフ、課長、部長、役員といった等級の呼称や階層は会社によって異なるため、便宜上6つのクラスに分けていますが、呼称が違っても、昇格するに従って求められる行動は、どんな会社でもほとんど変わりません。

会社の特性によって「うちはもっと下のクラスから『企画提案力』を求める」など、クラスごとに求められるコンピテンシーが異なる場合もありますが、基本的な考え方はどの会社もほぼ共通しています。

まずは、現在の自分のクラスにおいて求められている行動は何か、そして今後、求められるのはどんな行動かを確認してみてください。

現在の自分に求められていること、これから求められる行動が認識できれば、成長するためのステップの指標になるはずです。

GRADE1　新人クラス

▼社会人としての基本的能力を身につけ、上司や先輩の指示に基づき業務を遂行する

□誠実な態度	周囲の人に誠実に接し、相手から信頼される対応をする
□ルール遵守	ルールや規則、約束や期限を守る
□マナー意識	初対面の相手にも好感を得られるマナーを身につけている
□チームワーク	周囲と協調し、他者に積極的に協力している
□共感力	他者の気持ちを推し量り、気にかけ、尊重する
□伝達力	自分が伝えたいことをわかりやすく相手に伝えている
□継続力	逆境や困難があっても、仕事に取り組み続ける
□創造的態度（意欲）	変化を前向きにとらえ、好奇心を持って物事に取り組む
□情報収集	必要な情報を多方面から入手し、偏らない
□成長意欲・学習意欲	キャリア上の目標を持ち、自ら能力を伸ばそうとする

GRADE2　メンバークラス

▼自分のことは自分ででき、任された仕事を完遂できる

- □継続力　逆境や困難があっても、仕事に取り組み続ける
- □創造的態度（意欲）　変化を前向きにとらえ、好奇心を持って物事に取り組む
- □情報収集　必要な情報を多方面から入手し、偏らない
- □成長意欲・学習意欲　キャリア上の目標を持ち、自ら能力を伸ばそうとする
- □状況把握・自己客観視　状況を見て適切な行動がとれる
- □企画提案力　より良くするための提案を効果的に行うことができる
- □クオリティ　仕事の品質にこだわり、品質向上のための仕組みをつくる
- □主体的な行動　指示を待つことなく、自ら考えて行動している
- □タフさ　ハードワークでもやり遂げる心身の強さを持っている
- □ストレスコントロール　ストレスがかかる場面でも冷静かつ適切な行動をとる

GRADE3　チーフクラス

▼組織や上長の指示を待つことなく、周りを巻き込んで成果を出す

□柔軟な対応	環境や相手に応じて臨機応変な対応をしている
□カスタマー	顧客が求めるものを理解し、満足するものを提供している
□スペシャリティ	必要な専門知識を持ち、実際の業務に活かしている
□異文化コミュニケーション	文化や価値観の違う人も理解し、交流を深める
□プレゼンテーション	要点を効果的に相手に伝える
□動機づけ	周囲に仕事の目的や意味を伝え、チームの活性化を促す
□創造的能力	常に新しいことを発想することで新たな価値を生み出す
□目標達成	組織やチーム、プロジェクトの目標を達成する
□問題分析	問題を客観的・構造的にとらえて分析している
□改善	目標と現状の差異に注意を払い、現状をより良く変えている

GRADE4 課長クラス

▼チームの目標を達成し、メンバーを育てる

□創造的能力　常に新しい発想することで新たな価値を生み出す
□計画立案　実現可能な行動計画を立て、リスクヘッジをしている
□進捗管理　ベンチマークを設け、進捗の管理を行う
□目標達成　組織やチーム、プロジェクトの目標を達成する
□計数管理　自社の収益構造を理解し、業績をあげる適切な施策を行う
□人材育成　部下のキャリアビジョンを把握し、能力開発の支援を行う
□解決案の提示　適切な状況判断を行い、解決のための複数の選択肢を提示する
□改善　目標と現状の差異に注意を払い、現状をより良く変えている
□傾聴力　相手の話をよく聞き、理解を示し、信頼を得ている
□プロフィット　コスト意識を持ち、常に採算を意識して行動している

GRADE5　部長クラス

▼3年先を見据えた戦略・目標を設定し、社員を導く

□理念浸透	会社の理念に共感し、理念の浸透を働きかける
□戦略策定	ビジョンの実現に向け、具体的な戦略を描き実行の責任を負う
□変革力	伝統や慣習に縛られず、新たな取り組みを行う
□目標設定	達成可能な目標を設定し、個々の目標設定を促す
□計画立案	実現可能な行動計画を立て、リスクヘッジをしている
□進捗管理	ベンチマークを設け、進捗の管理を行う
□計数管理	自社の収益構造を理解し、業績をあげる適切な施策を行う
□人材発掘・活用	社内外から優れた人材を発掘して登用する
□人材育成	部下のキャリアビジョンを把握し、能力開発の支援を行う
□決断力	材料がそろわなくても決断し、その責任を負う覚悟がある
□解決案の提示	適切な状況判断を行い、解決のための複数の選択肢を提示する
□説得力	相手から同意を取りつける交渉スキルがあり、同意を得る
□人的ネットワーキング	社内外のキーパソンを把握して活用する

GRADE6 役員クラス

▼5年先のビジョンを示し、組織を率いる。有能な人材を発掘する

- □**理念浸透** 会社の理念に共感し、理念の浸透を働きかける
- □**ビジョン策定** 会社の3年後、5年後のビジョンを具体的に示す
- □**戦略策定** ビジョンの実現に向け、具体的な戦略を描き実行の責任を負う
- □**変革力** 伝統や慣習に縛られず、新たな取り組みを行う
- □**目標設定** 達成可能な目標を設定し、個々の目標設定を促す
- □**組織運営** 階層や職種に知見を持ち、成果を最大化する組織運営を行う
- □**人材発掘・活用** 社内外から優れた人材を発掘して登用する
- □**業務委任** 部下に仕事を任せ、より大局的な仕事を行う
- □**決断力** 材料がそろわなくても決断し、その責任を負う覚悟がある
- □**説得力** 相手から同意を取りつける交渉スキルがあり、同意を得る
- □**信念** 確固たる信念を持ち、反対や批判があっても前進する

「会社が求めること」は変化する

30〜35ページで説明したコンピテンシー（これらのコンピテンシーは、拙著『人事の超プロが明かす評価基準』（三笠書房）に詳しく解決しています）のように、**会社が求めることは昇格するごとに変化します。この変化に対応できるかどうかが、評価を分ける重要なポイントです。**

Aさんが、社内NO・1の売上なのに評価が低くなってしまった原因をコンピテンシーの観点から詳しく見てみましょう。評価は「成果」と「行動」によって判断されます。「成果」に該当するのは、Aさん自身が標準以上の「S」評価をつけ、部長たちの最終評価でも「S」評価だった「目標達成」というコンピテンシーです。

「目標達成」とは、組織やチーム、プロジェクトなどの目標を達成すること。重要な目標を達成するためには、あらゆる手段を尽くし、決してあきらめず、最後の最後まで可能性を追求する姿勢が大切です。チームリーダーやマネージャーとして、メンバーのモチベーションが下がらないように常に声をかけ、励まし、相互に助け合う風土をつくり、チームや組織の総合力で目標を達成する行動が求められます。

Aさんは目標を達成し、社内NO・1の売上を記録しています。その「成果」が評価されたため、標準以上の高い評価「S」を得ることができました。

一方、Aさん自身の自己評価と部長たちによる最終評価にギャップが生まれてしまったのは、「人的ネットワーキング」と「傾聴力」の2項目です。

「人的ネットワーキング」とは、社内外の人的ネットワークを構築し活用することです。社内外のキーパーソン（決定に影響を持つ人）や、各分野の専門家と人脈を持てると、案件を通す際の根回しや企画実現の組織合意が得やすくなります。多くの人脈を築くには、相手のメリットになる情報を提供したり、人と人をつなぐ場を設けたりするなど、信頼を得る努力が不可欠。そこから関係性を深め、いざというときに頼りにできる人間関係を築いていくのです。

Aさんは、顧客のキーマンを把握し、コミュニケーションも適切にとり、その結果、受注にも結びついたとして、自己評価を「S」にしていました。「社外」の人的ネットワークに関する評価は「S」で妥当だったかもしれません。しかし、「社内」のネットワークを築いていなかったため、「直属の上司とだけ仕事をしているように見える」「社内のルールなどを守らず、管理部門の社員からの評判はすこぶる悪い」「一匹狼的で、横にも上にも下にも、ほぼ情報共有がない」と社内における評判は良くありませんでした。だから、最終評価が「A」になってしまったのです。

一般的には「人的ネットワーキング」は部長クラスに求められるコンピテンシーですが、Aさんの勤務先では課長クラスにも求められており、これができるかどうかが部長に昇進するための重要な選考ポイントになっていました。

もしAさんが、このまま社内の人間関係を改善することができなければ、部長に昇進することは難しく、さらには課長職に留まることも難しいかもしれません。

そして、Aさんの自己評価と部長たちの最終評価が最もかけ離れてしまったコンピテンシーが「傾聴力」でした。

「傾聴力」とは、相手の話をよく聞き、理解を示し、信頼を得ることです。そのためには、人の話を最後まで聞き、相手を理解しようとする姿勢も示し、相手に「自分のことをわかってもらえている」という安心感を与えなければなりません。相づち、うなずき、言い換え、要約などを会話に挟み込んで、相手を理解しようとしているのを言葉や態度で示すことも求められます。

Aさんは、顧客の話はよく聞いていましたが、会社が求めていた行動は、それだけでありませんでした。部下や後輩に対するAさんの口癖は「なんでできないの?」。この突き放した姿勢は、人の上に立つ課長職にふさわしい態度とはいえません。また、先輩社員や他部署も含め、相手に対する配慮や敬意を感じられない態度が「コミュニケーションに難がある」と問題視され、最終評価が「B」にまで下がってしまったのです。

しかし、Aさんの評価が低くなった原因は、それだけではありませんでした。さらにもう1つ、最終評価が「B」になってしまった項目がありました。それは「人材育成」です。じつは、これこそが管理職として最も重視される項目であり、課長職としての資質に疑問を持たれてしまった直接の原因だったのです。

管理職は、「何」を管理するのか？

「みなさん、管理職って〝何〟を管理する仕事だと思いますか？」

私は管理職研修の講師として招いていただくと、いつもこんな質問から研修を始めています。

すると、多くの方が「部下、ですか？」「数字でしょうか？」「時間」「進捗……」と、恐るおそるといった感じで自信がなさそうに答えます。

管理職になっても何をすればいいのかわからない。マネジメントの基本を学ぶ機会がなく、勘や経験に頼った自己流になりがち。これはAさんに限らず、多くのマネジメント層に共通している悩みです。30代のビジネスパーソンを対象とした、あるアンケート調査では「部下の育成やマネジメントがうまくできない」が「仕事の悩み」の1位になっていました。

優秀なプレーヤーだった人が、管理職としてはなかなか力を発揮できず、評価を落としていく。そんな悲劇が多くの会社で起こっています。

では、そもそも管理職とは何をする仕事なのでしょうか？

マネジメントの定義は「経営資源を効率的に活用し、最大の成果をあげること」。経営資源とは「モノ・カネ・情報・時間」、そして「人」です。

つまり、**「人」の管理を通じて「モノ・カネ・情報・時間」を管理し、最大の成果をあげることが管理職の仕事なのです。**そのため、**「タスクマネジメント」と「ヒューマンマネジメント」の2つの軸で「行動」を評価されます。**

タスクマネジメントとヒューマンマネジメントは、管理職に限らず、たとえ新人でも求められる基本的なビジネス行動ですが、「求められる行動」は固定的ではなく、管理職になると、とくに大きく変化します。

新人やメンバークラスが求められるタスクマネジメントは、個人のPDCAサイク

タスクマネジメントとヒューマンマネジメント

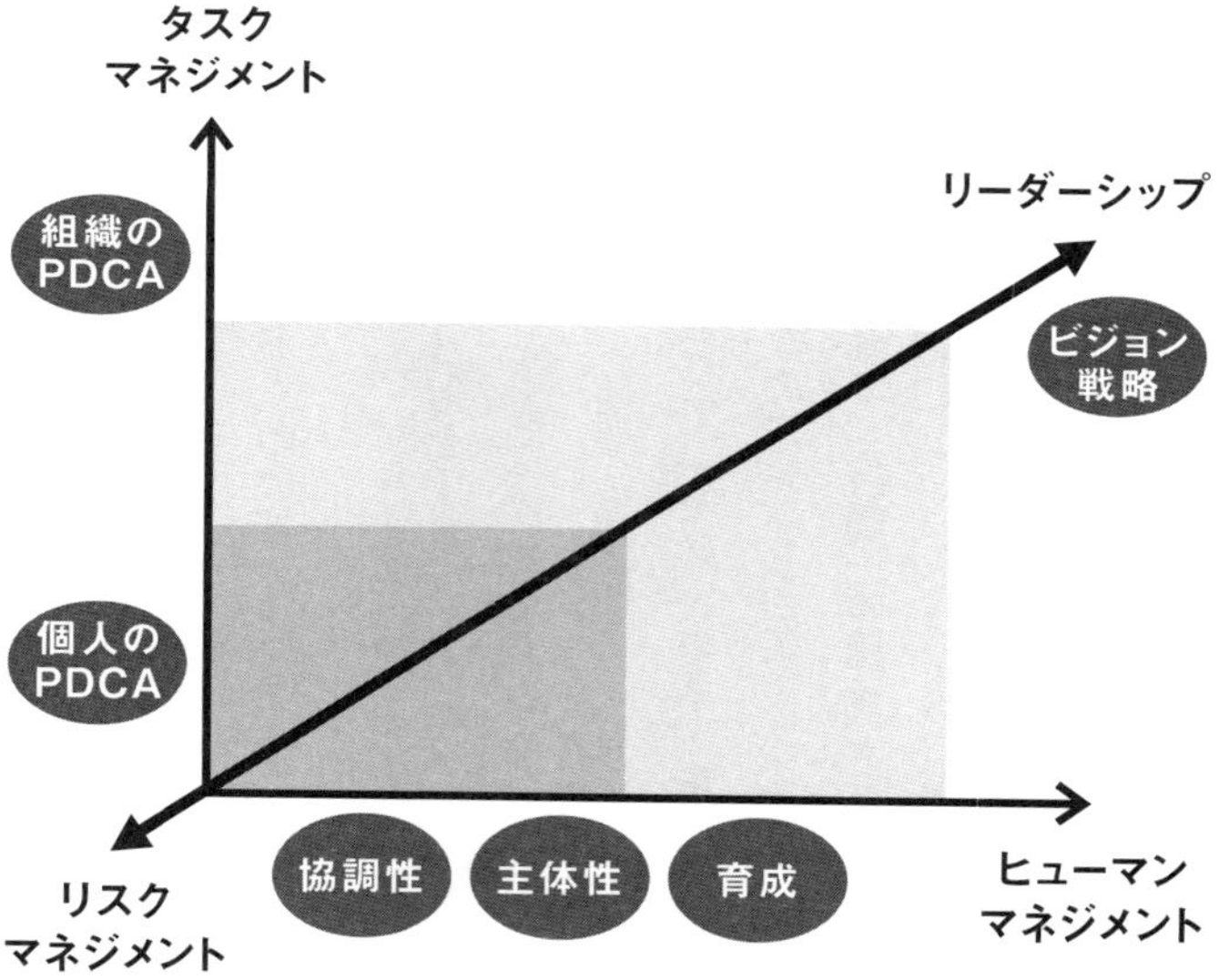

タスクマネジメントとヒューマンマネジメントは昇格すると、求められることが変わる。上の図の面積を増大させていくことが求められる。部長以上は、組織の方向性を示すリーダーシップも求められる。

ル（Plan・Do・Check・Action）を回すことです。

段取りを組み、ミスなく実行し、品質をチェックし、納期を守り、より良く改善し、成果をあげる。いわれたことをいわれた通りにできるようになること、任された仕事を自己完遂できることが、新人やメンバークラスには求められます。

しかし、管理職・マネージャーに昇格すると、「自分」だけでなく「組織」のＰＤＣＡを回すことが求められます。

チーフは、チーム全体の、課長は課全体の、部長は部全体の、さらに大きなＰＤＣＡを回していく。計画を立案し、メンバーの進捗を管理し、ベンチマークを設定し、必要に応じてプランの変更を行い、目標を達成する。

つまり、**管理職やマネージャーになると、タスクマネジメントで求められる行動が「個人レベル」から「組織レベル」へと変化するのです。一方、ヒューマンマネジメントでは「協調性」から「主体性」、そして「人材育成」へと求められる行動が変化します。**

新人クラスに求められる重要なコンピテンシーの１つは「チームワーク」です。メンバーと協調し、他者に積極的に協力する。困っている人がいたら助け、チームの方針を理解し動く。たとえ自分の意見が異なっていても、チームが決めたことに対して協力する。どんなに優秀な人材であっても「協調性」がなければ評価されません。

しかし、メンバークラスに昇格すると「協調性」のみならず「主体性」が重視されるようになります。メンバークラスに求められる重要なコンピテンシーは「主体的な行動」です。上からの指示を待つことなく、今何が必要かを考え、やるべきだと思ったことを自分の考えで実行する。上司に何か相談するときは「どうしましょう?」と、ただ判断を委ねるのではなく、「こうしたいのですが、いいですか?」と自ら積極的に提案を行う。

20代半ばまでの社員に対する評価は、おおむね次のように考えられています。

(1) いってもわからない人……………困った新人
(2) いわれたらわかる人………………普通の新人
(3) いわれなくてもわかる人…………できる新人
(4) いわれなくても動ける人…………一人前(メンバークラス)
(5) やるべきことを自ら考えて動ける人………一人前・チーフクラス

メンバークラスに昇格すると、新人時代とは求められる行動が変わり、いくら「協調性」があっても、指示された仕事しかしない「主体性」のない人は評価が下がります。

さらに管理職やマネージャーに昇格すると、人を育てるヒューマンマネジメント、すなわち部下やメンバーの「育成」が求められます。

育成とは、メンバーが3年後、5年後にどうなりたいのか、何を目指しているのか、それぞれのキャリアアビジョンやライフビジョンを把握し、それについてメンバー1人ひとりと一緒にプランニングし、どうすべきか考えていくことです。人事評価を適切に行い、それぞれの強みを明らかにし、本人に認識させることも大切です。しかるべきフィードバックを行いながら、個別の目標設定を促し、課題を明らかにし、それぞれの技術や能力の向上を積極的に支援する行動が求められます。

Aさんは、自己評価シートの「人材育成」の本人の記入欄にこう書いていました。

「メンバーと業務上必要なコミュニケーションをとり、チームとして結果を出している」

そして、自己評価は「A」をつけていましたが、部長たちによる最終評価は「B」。人材育成でやるべきことは、主に次の3つです。

(1) メンバーのキャリアビジョン・ライフビジョンを把握する

(2) 評価を行い、個々の課題を明らかにする

(3) 適切なフィードバックを行い、個別の目標設定を促す

Aさんは、チームとして目標達成するために最低限のコミュニケーションはとっていたものの、メンバー1人ひとりと話をして、将来の夢や目標を聞いたり、個々の強みや弱み、課題、その克服方法などについて話すことはありませんでした。

また、部下の評価に関しても、標準以下の「B」や「C」ばかりをつけ、コメント欄にも不足している点のみを羅列していました。厳しく評価することも大切ですが、褒めるべき点や伸ばすべき点を見つけ、成長を促すアドバイスを行うのも管理職・マネージャーの重要な役割です。

その結果、Aさんは人材育成に求められる行動をとっていないと判断され、標準以下の「B」評価をつけられてしまったのです。

管理職に昇進すると、タスクマネジメントとヒューマンマネジメントの双方で、大きな力を発揮することが求められます。どちらか一方だけが優れていても、高い評価は得られません。

Aさんは、タスクマネジメントに関しては高い評価を得られたものの、ヒューマンマネジメントに関しては「部下の育成をしておらず、フォローをしているようには見えない」と判断され、厳しい評価を下されてしまいました。しかも、「課長への昇進も早かったのではないか？」との疑問の声まで上がってしまったのです。

でも、不思議だと思いませんか？

Aさんの会社では「評価の仕組み」も、クラスごとに求める「コンピテンシー」も明らかにしています。自己評価シートにも「人材育成」の定義として「メンバーの技術や能力の向上を積極的に支援する。個別の目標設定を促し、評価し、フィードバックを適切に行いながら、課題点を明らかにし、成長させる。」と書いてありました。

やるべきことは知っていたはずなのです。

これはAさんに限った話ではありません。世の中には何百、何千というビジネスに関するノウハウが出回っています。研修や講習、講演などもたくさんあります。にもかかわらず、多くの人はそれが実行できず、悩んでいます。

あなた自身も、きっと多くのビジネスに関する知識を持っているはずです。「正解」を知っていても、実際にはできない。それはなぜなのでしょうか？

これこそが本書でお伝えしたい最も重要なテーマなのです。**「成果」を出すための「行動」には、じつは本人の「性格」が大きく影響しているのです。**

「行動」は「性格」に起因する

あらゆる企業に共通する「評価基準＝コンピテンシー」、そして行動評価の2軸、タスクマネジメントの「個人のＰＤＣＡ」から「組織のＰＤＣＡ」への変化、ヒューマンマネジメントにおける「協調性」「主体性」から「育成」への変化――。

これらを理解し、実行できれば、確実に評価は上がります。昇進はもちろん、給与も上がり、どこに行っても通用する力を身につけることができます。より良い職場に転職することも、起業することも、フリーランスとして独立することも可能になり、人生の選択肢が大きく広がり、自分らしく楽しく働くことが可能になります。人事のプロとして、それは断言できます。

ただし、それらを実現するためには、**「自分自身」について客観的に理解する必要**

があるのです。なぜなら「行動」は「性格」に起因するからです。

「僕は上司である営業部長のことは尊敬していましたが、次に優秀なのは自分だと思っていて、ほかの社員にはまったく興味を持っていなかったんですよ……」

Aさんはそう話していました。

他者への関心が高いか・低いか。これは性格的特徴（性格をもとに見られる傾向）の1つです。ただし、「他者への関心が高いから良い・低いから悪い」ということではありません。

他者への関心が高い人は、誰とでも仲良くなれるのが「強み」ですが、八方美人になりやすいという「弱み」があります。逆に、他者への関心が低い人は交友を広げにくいことが「弱み」ですが、孤独でも不安になりにくく、また1人でも突き進める「強み」があります。

性格に「良い・悪い」はないのです。どんな性格的特徴も大事な個性です。ただし、ある特定の行動に対して「合う・合わない」はあります。

たとえば、営業という職種は、基本的には1人で行動します。他者への関心が低い人は、人と群れることを好まず、マイペースに行動することを好みます。そのような意味では、営業という職種に「合って」います。だから、先述したAさんは営業職として高い評価を得ることができたのでしょう。

しかし、課長の仕事は、部下やメンバーに興味・関心を持つことから始まります。彼ら・彼女らは、どんな目標や夢を持っているのか？　得意・不得意は何か、どんな悩みを抱えているのか？　話をすることで1人ひとりを理解し、キャリアビジョンやライフビジョンの実現、技術や能力を支援する方法が見えてくるのです。

こうした「人材育成」において求められる行動に関していえば、他者への関心が低い人は「合っていない」といえるでしょう。これはどんな職種・仕事にもいえることです。

タスクマネジメントにおける、PDCAサイクルを回すことにしてもそうです。PDCAは、計画し、実行し、チェックし、改善することが求められます。

じつは私は、何かを計画したり、細かくチェックするのが苦手です。もっと率直にいってしまえば、嫌いです。あまり先のことを考えず、気の向くままに行動することを好みます。

また、私は物事を慎重にチェックするよりも、スピードを重視して、どんどん次のことをやりたくなってしまいます。これもまた「性格」です。しかし、この性格そのままに仕事をしていたら、管理職としては最低の評価になってしまうでしょう。

「性格」はどのように「行動」に影響を与えるのか？　たとえば、買い物をするときに、人の行動は大きく2つのパターンに分かれます。あれこれ悩まずにパッと決めて買う人と、たくさんの選択肢を検討してじっくり選んで買う人。前者は「決断性」の高い人、後者は「決断性」の低い人といえるでしょう。

これもどちらが「良い・悪い」ということはありません。

「決断性」の高い人は、何かを捨てることをいとわず判断できることが「強み」ですが、俯瞰性に欠け、全体を把握せずに物事を決めてしまう傾向があるのが「弱み」です。

逆に、「決断性」の低い人は優柔不断で物事を決められないことが「弱み」ですが、俯瞰性が高く、慎重に判断して最良の選択ができることが「強み」となります。

課長から部長に昇進すると「決断性（力）」の高さが求められます。リーダーの役割は、重要な決断を下して次の行動を指示することです。

決断とは、ほかの選択肢を捨てることであり、それによって発生する責任を負う覚悟も求められます。仮に材料がそろっていなくても、しかるべきタイミングで決断しなければならず、その決断で生じる最悪の事態に対処する決意の有無も問われます。

つまり、「決断性（力）」を求められる「部長」という役職においては、「決断性の高い人」のほうが「合って」いるのです。「決断性の低い人」は、決断すべきタイミングであっても迷ったまま判断を先送りにすることが多く、その行動によって「部長としての評価」を落としている人が多くの会社にいます。

人間は、ロボットではありません。正しい行動を知っていても、実行できるとは限らないのです。それは「性格」や身についてしまった「習慣」が阻害することが少なくないからです。

では、自分の性格に「合って」いない職種や仕事は避けるべきなのでしょうか？

いいえ、そうではありません。合っていなくても、意識して「行動」すればいいのです。

人に興味がなくても、管理職になったら部下と話をするのです。計画するのが嫌いでも、仕事上必要なら、しっかりと計画を立てるのです。優柔不断な性格でも、部長になったら決断をするのです。

性格は変えられなくても、「行動」は変えられます。行動を変えて、習慣にできれば、しだいに無理なくできるようになります。

大事なのは、自分が求められている「行動」を認識し、「それって好きじゃないんだよな」「苦手なんだよなぁ」と思っても、立場によって「でもやらなきゃ！」と気づくこと。これこそが「評価される人」と「評価されない人」の決定的な違いなのです。

あなたは「自分の性格」を知っていますか？

「評価」は「成果」と「行動」によって判断されます。「性格」で評価されることは基本的にはありません。

なぜなら、「性格」は目に見えないからです。上司は「行動」もしくは「言葉」を通じてしか、部下の性格を理解することはできません。

たとえば、部下やメンバーといつも仲良く話をしていたら、じつは「人に興味がない」という性格であったとしても、上司にはわかりません。きちんと計画を立て、PDCAを回していたら、「計画が嫌い」という性格だとは思われません。

私は人事コンサルタントという職業柄、全国を飛び回って、毎日いろいろな人に会って話をしています。何十人、何百人という、たくさんの人々の前で講演を行ったり、研修をしたりしていますが、じつは少々「人見知り」な性格です。知らない人と話をするのが苦手で、知っている人がいない異業種交流会やパーティーにはあまり近づかないようにしています。

でも、私のことを「人見知り」だと思っている人は、おそらくほとんどいません。それは、知らない人でも意識して話をするという「行動」をとっているからです。

性格とは「好きか・嫌いか」といった志向性を示すもので、あくまで内面的なものです。一方、行動は「したか・しないか」という顕在化したもの。人事評価は、あくまでも「見える化」された「行動」や「発言」のみを対象として行われます。

つまり、どんな性格であったとしても、それが「行動」に表れていない限り、「性格」が原因で低い評価をされたりすることはないのです。

ただし、ここで重要な問題があります。

私たちは、なんとなく自分の性格を理解しているつもりでいますが、それが正しい理解とは限りません。むしろ自分が思っている自分の性格と、他人が見ている自分の性格が大きく食い違っているケースのほうが多いのです。

自分では「細かい性格」だと思っている人が、周囲からは「ズボラな人」と思われていたりします。**こうした認識のズレが、じつは評価に大きく影響しているのです。**

たとえば、新人クラスの人が自分では「柔軟性」があると思っていたとしても、人から見れば「頑固」な行動をとっていることで評価を下げていた場合、それに気づくことはできません。

ただし、「頑固」という性格は、言い換えれば、信念を持っているということです。経営者やリーダーには信念が必要です。「信念」は「コンピテンシー」の1つでもあり、役員クラスには、自分が信じる確固たる意志を持ち、批判や反対をされても、根拠を示し、周囲を説得できる強さが求められます。あなたが組織のリーダーだったら「頑固さ」がプラスに評価される可能性もあります。

しかし、前述したように新人クラスに求められるものは「協調性」です。新人が頑固な態度をとって上司の指示に従わなかったり、チームが決めたことに対して協力しなかったら、当然、評価は下がります。

人の意見を受け入れない、協調しない、わがまま。これらの「行動」は、組織で働く人材として不向きと判断され、厳しい評価を下されます。

たとえ「頑固」な性格でも、それに気づいて「行動」を変えることができれば評価は上がりますが、人はなかなか自分の「性格」に気づくことができません。

「あなたは『自分の性格』を知っていますか？」

「『自分の性格』を正しく理解していると思いますか？」

そう問われて、自信を持って「知っている」と断言できる人は、少ないのではないでしょうか。私自身もまだまだ自分のことはわかっていません。

でも、だからこそ、少しでも正しい理解に近づいていくことが大事なのです。なぜかというと、評価は行動の裏にある、あなたの「性格」がもとになっているからです。

「性格」が「行動」に、「行動」が「成果」に影響を与える

「性格」で評価されることは基本的にはない、とお伝えしましたが、評価の現場で話題になっているのは、じつは社員の「性格」なのです。


「あいつは周りに気をつかえないよな」

「企画のリスクばかり指摘するから、みんなのモチベーションが下がるんだよなぁ」

「頭はいいんだけど、なんでもっと高い目標にチャレンジしないのかな？」

「ああいう振る舞い方だとチーフは厳しいかもね」


このような会話が飛び交い、「周りに気をつかえない」「リスクばかり指摘する」

「高い目標にチャレンジしない」といった行動から、なぜそういう言動をするのか、その理由を探って、どんな性格なのかを推測し合っています。

なぜかというと、**「性格」が「行動」に影響を与え、「行動」が「成果」に影響を与えるからです。**

たとえば、メンバークラスからチーフクラスに昇格するためには「動機づけ」というコンピテンシーが必要とされます。

「動機づけ」とは、周囲に仕事の目的や意義を伝え、情熱を持って働きかけ、チームの活性化を促すことです。なぜそれをするのか、するべきなのかを具体的に示し、各自が納得して目標を目指す雰囲気をつくることが求められます。個々の言動にも注意を払い、モチベーションが低下しているメンバーがいたら適宜フォローする。やる気が落ちた原因を探り、その原因を取り除く努力をすることも重要です。

周りに気をつかえないということは、メンバーを放置し、困っているメンバーがいても気づかないかもしれません。

リスクばかり指摘するということは、仕事の目的や意義を伝え、チーム全体のやる気を高めることができないかもしれません。

高い目標にチャレンジしないということは、チームの力を引き出して、チームの目標を達成する立場にいることを認識していないのかもしれません。

もちろん、これらは推測にすぎません。しかし、ある人物を昇格させるかどうかを検討するためには、それまでの「行動」から類推するしかありません。もし私が上司だったら、この人をチーフに昇格させることはしないでしょう。

会社にとって最も重要なのは「成果」です。「成果」を出すためには、成果につながる「行動」が必要です。その「行動」には「性格」が大きく影響します。だからこそ、「評価」は「性格」に負うところが大きいのです。

チーフに求められるコンピテンシーは「動機づけ」だけではなく、「柔軟な対応」「異文化コミュニケーション」「創造的能力」「問題分析」「改善」など、さまざまなものがあります。

「柔軟な対応」をするためには、融通が利かない人や急な対応が苦手な人は難しいでしょう。「異文化コミュニケーション」をするためには、さまざまな価値観を認められる人や外向性のある人でないと厳しいでしょう。「創造的能力」を発揮するためには発想の自由度の高さ、「問題分析」をするためにはロジカル（論理的）なものの考え方が、「改善」には、強い意志やメンバーのモチベーションを上げたいと思う他者への関心や、チームをより良くするために引っ張っていきたいという想いも必要になります。

会社は、それぞれのクラスに求める行動がとれる人材かどうかを、さまざまな観点から推測して昇格させるかどうかを決定します。そのような意味では、本人以上に「性格」を見ているのです。それは採用する時点から始まっています。

面接でも「性格」が見られている

就活本や中途採用のマニュアル本などには、「志望動機が最も重要」とよく書かれています。しかし、採用担当が面接で見ているのは、じつはもっと別のことです。

たとえば、選考のポイントの1つは、応募者が来る時間です。アポイントの時間より10分以上早く来る人は、私が採用担当だとしたら基本的にはNGです。

面接の部屋は、それ専用の部屋ではなく、誰かが会議に使っているかもしれません。面接官も面接だけを仕事にしているわけではありません。午後1時からの面接だったら12時台は貴重な昼休みです。

少しでも相手の都合が考えられる人なら、アポイントの時間よりも10分以上早く来ることがいかに迷惑か、考えがおよぶはずです。

そのような想像ができない人は、「周囲への配慮に欠ける人」と判断されてしまいます。これは、かなり重要な選考のポイントの1つです。

ビジネスは、自分ひとりで成り立つものではありません。どんな職種でも周囲の人々との関係性があって初めて成立します。他者に対する配慮が低い人は、職場で多くの人々にストレスを与える確率が高く、クライアントをはじめ、関係各社にも迷惑をかける存在になるかもしれません。

だから当然、そのような人を採用しようとは思わないのです。

「大学時代はどのように過ごしていましたか？」

これは新卒採用の定番の質問ですが、本当に知りたいのは、何をしていたかではありません。

「サークルの部長として、リーダーシップの大切さを学びました」

ほとんどの応募者がこのような回答をしますが、「良いこと」しかいわない人も基本的にNGです。なぜなら、信用できないからです。

では、どんな人を採用しようと思うのか? それは、**自分の「良い点」「悪い点」の両方を話せる人です**。そのような人であれば、「大学時代は遊んでばかりいました」と話していても採用しようと考えます。「遊んでばかりいた」ということを認めて、それを振り返ることができる人は、自分を客観視できていると判断します。

こうした「状況把握・自己客観視」は、メンバークラスに求められる重要なコンピテンシーの1つです。自身および部署やチームが置かれている状況を客観的にとらえることができる。部署やチームの雰囲気を察し、適切な言動がとれる。自分の長所や短所を客観的にとらえ、批判を受け入れる強さも持っている。

要は、**自分をよくわかっている、ということです。自分をわかっている人は、弱みや短所があっても、それを受け入れ、改善しようと努力します。会社が求めることが変化しても、それに対応して行動を変え、さらなる成長が期待できます。**会社が求めているのは、そのような人材なのです。

他人は知っているのに、あなたは知らないこと

会社は「行動」を通じて、あなたの「性格」を見ています。

面接、適性検査、研修など、会社には社員の「性格」を知る機会が多くあり、それぞれの場面の言動を通じて「この人はどんな人なのか？」を判断しようとしています。

それは会社にとって、「人」が最も大事な財産だからです。

たとえば、人事担当者は、採用や育成に関しては、5年から10年先まで見据えて計画を立てます。

新卒採用は「来年・再来年は、どのような人材を何人採用する？」といった人員計画・採用計画から始まり、採用広報、会社説明会、面接など、さまざまな採用活動を

行い、学生が入社するまで1年半以上かかります。

新卒が入社しても、戦力になるまで通常2~3年はかかります。その時点で事業はどうなっているのか、各部門に何人配置する必要があるのか、どんなスキルや経験を身につけさせて、どういう人材に育てなくてはいけないのか。「現時点では『入社3年で新卒の3割が辞める』といわれているが、3年後はもっと退職者が増えているのではないか? 7~8年先まで考えると、5割は辞めていると考えたほうがいいのではないか? だとしたら、何人採用しなくてはいけないのか?」などと、会社は先々のことまで考慮する必要があるのです。

これはほんの一例にすぎませんが、新卒採用ひとつとってみても、このように何年も先のことまで考えて、採用や育成のプランを立てています。

だからこそ、会社は「どんな人物なのか?」を真剣に見極めようとするのです。それが、すなわち「評価」です。

会社が求める「成果」をあげてもらうためには、成果につながる「行動」が必要です。その「行動」には、「性格」が大きく影響しています。だから「性格」に注目しているのです。

他人は知っているのに、自分は意外と認識していないこと、それが「性格」なのです。私たちはもっと自分の「性格」に注目する必要があります。

なぜなら、会社が求める行動を実現するためには、自分の「性格」を知り「強み・弱み」「得意・不得意」「好き・嫌い」などを客観的に理解する必要があるからです。

そして、もう1つ重要な理由があります。「評価」は「性格」によるものを含む「印象」によって大きく左右されるからです。

評価は最終的に「性格」で決まる。その理由を次章でさらに詳しくお伝えします。

第2章

評価で得する人、損する人

9割の会社は「好き・嫌い」で評価を行っている

２０１８年２月、世界最大の人材サービス企業であるアデコグループの日本法人、アデコ株式会社が「人事評価制度」に関するアンケート調査を実施しました。アンケートの対象となったのは、20〜60代の男女ビジネスパーソンです。

この調査結果によると、会社の人事評価制度に62・3％の人が「不満」を持ち、「満足」はわずか37・７％にとどまっていることがわかりました。

不満の理由は「評価基準が不明確」が最も多く62・８％。次いで「評価者の価値観や経験によってばらつきが出て、不公平だと感じる」（45・２％）、「評価結果のフィードバック、説明が不十分、または仕組みがない」（28・１％）、「自己評価よりも低く評価され、その理由がわからない」（22・９％）となっていました。

Q.あなたはお勤め先の人事評価に満足していますか

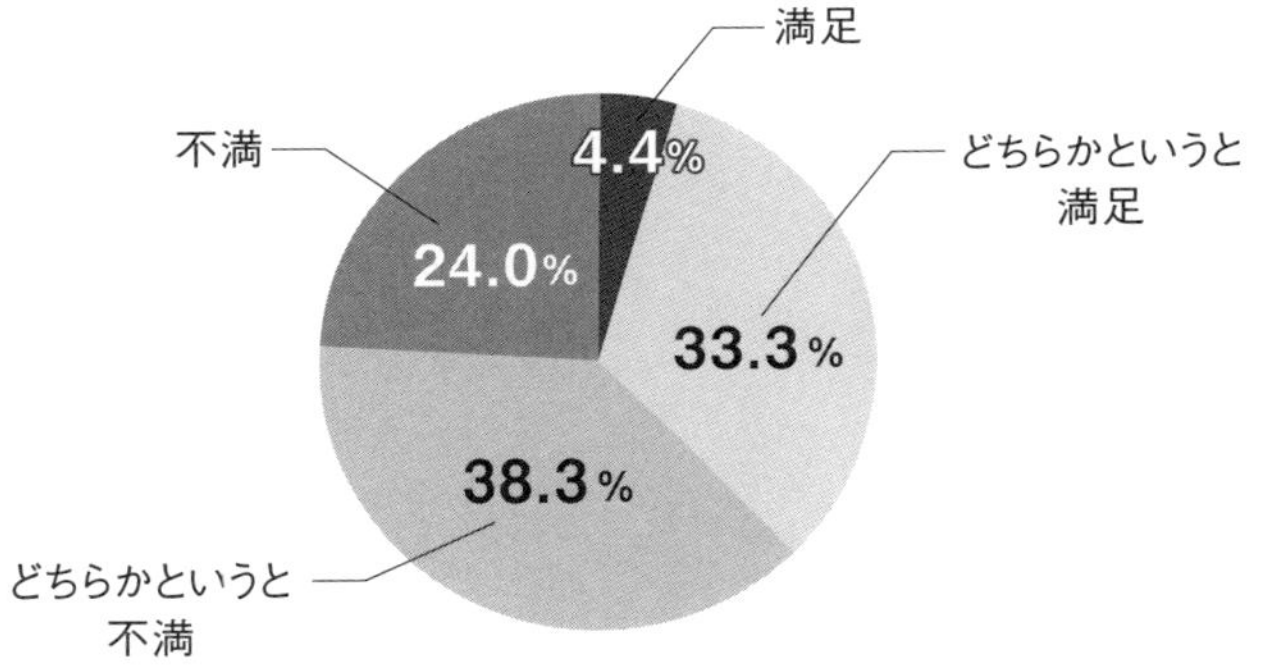

Q.人事評価制度に不満を感じる理由を教えてください

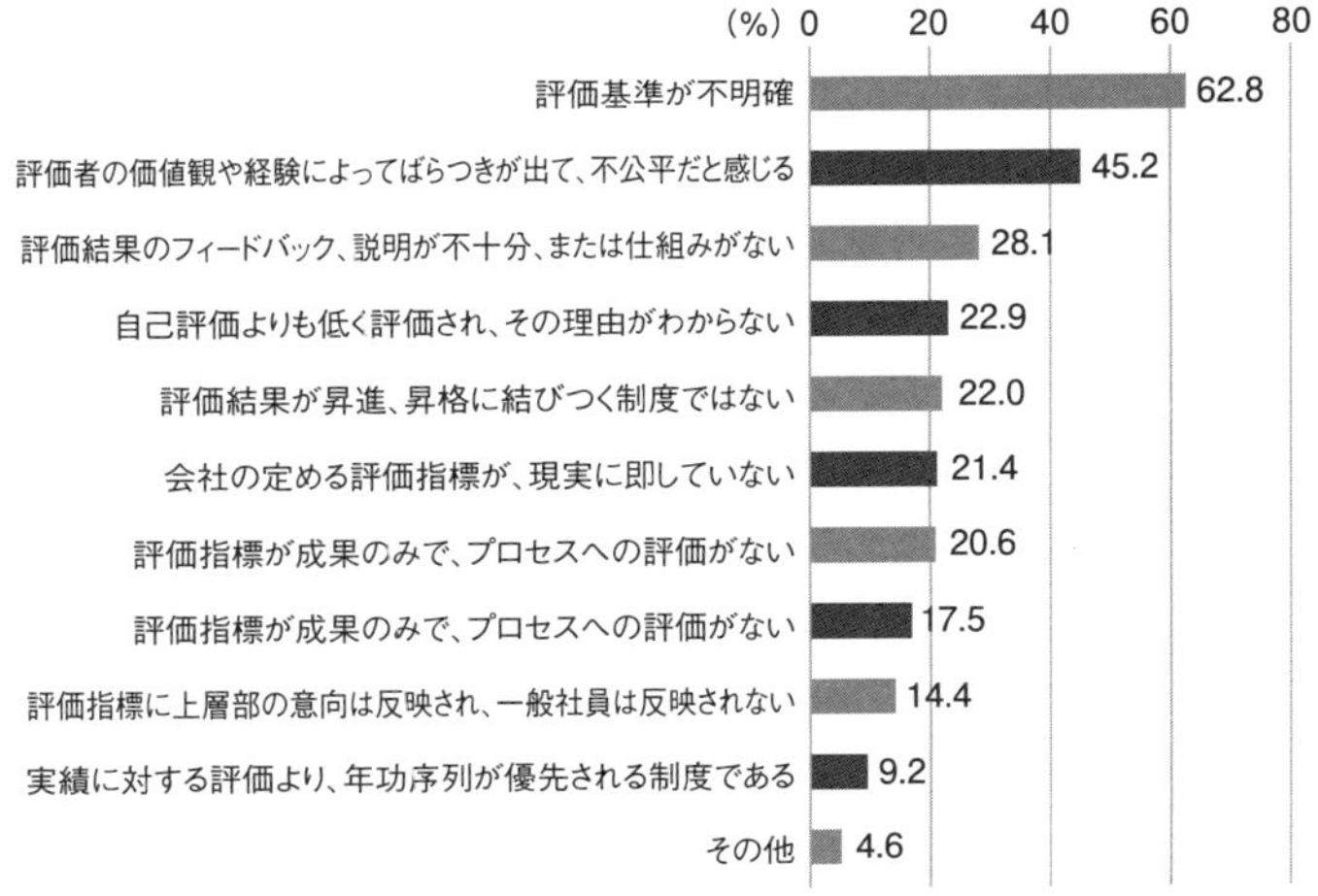

アデコ株式会社による20代〜60代の働く人を対象にした「人事評価制度」に関する調査より

人事分野に関わる者の1人として大変残念な結果でしたが、これが多くのビジネスパーソンが「評価」に対して抱いている実感なのだと思います。

私が代表を務めているフォー・ノーツ株式会社では、さまざまな企業の評価制度の構築や見直しを行っています。ご依頼を受けて先方の人事担当者にお会いすると、多くの方がため息混じりに「うちは、好き・嫌いで評価していますから……」といいます。評価制度がなく、上司の個人的な「好き・嫌い」で評価が行われている。評価制度があっても管理職の協力が得られず、実際には機能していない。評価基準が不明確。上司がきちんと評価しても、経営者の鶴のひと声で評価が変わってしまう……。

会社によって状況は異なりますが、多くの人事担当者がそんな悩みを抱えています。その結果、評価に不満を持った優秀な人材が辞めてしまう、いい人が採用できない、社員が成長しない、といったさまざまな問題も起こっています。

前述したように、経済産業省の調べでは、日本には421万の企業があります。しかし私の実感値だと、社員が納得できるような評価制度が整った企業は、日本の会社全体のたった1割程度、先進的な上場企業で、ようやく3分の1以下くらいでしょう。

そして、**評価制度はあっても「印象」で社員を評価している会社も少なくありません。「情意評価」と呼ばれる仕組みがその代表例です。**

情意評価とは、「成果」や「行動」ではなく、社員の仕事に向かう「姿勢」や「心構え」によって評価を決める、というものです。

情意評価では「規律性」「協調性」「積極性」「責任性」の4つの観点で日常の服務規律を観察して評価を決めています。もちろん、これら4つは仕事を行ううえで大事なことです。規則やルールを守ることは大切ですし、協調性も積極性も重要です。責任感のない人には仕事は務まりません。

しかし、私はこの4つの基準「だけ」で社員を評価すべきではないと考えています。なぜなら、評価基準が粗すぎるからです。

たとえば、「協調性」という概念は非常に幅広いものです。「メンバーと協調し、チームの業務に積極的に協力すること」といった具体的な定義があれば話は別ですが、そうでない場合、「あいつは俺の飲みの誘いを断った。だから協調性がない」といった上司の主観だけで評価が決まってしまう危険性があります。

「積極性」にしても同じです。自分のやりたい仕事は積極的にやるけれど、やりたくない仕事はやらない。そういう人はどこの職場にもいます。このような人をどう評価するのか？　やりたい仕事は積極的にやっているからOKとするのか、やりたくない仕事も積極的にやらなければNGとするのか、判断の基準が難しく、とても漠然としています。

私が行っている評価者向けの研修では、管理職が作成した評価シートを見ながら、質問やアドバイスをしています。

その際に「なぜ、この人は評価が高いのですか？」と尋ねると、「いやぁ、まあ全体的に……」「社歴も長いし、頑張っていますし」などと具体的な理由がなく、なんとなくの印象で評価を決めているケースも少なくありません。なかには「親心だ」といって高い評価をしている管理職もいました。

評価者本人は客観的に評価しているつもりでも、評価基準が曖昧であればあるほど、個人の好き・嫌いや主観が入り込む余地が増えてしまうのです。

現在、主流になっている「成果」と「行動」＝「コンピテンシー」で評価する仕組みは、適切な数の評価項目に分類されているため、最も公正な基準で社員を評価できる制度であると確信していますし、私自身も推奨しています。

また、評価制度の構築や見直しの依頼をいただいた際には、「上司の主観で評価を決めないように指導してくださいね」「好みや印象で評価しないようにしましょう」とアドバイスもしています。

それでも、上司の主観的な評価や、個人的な「好き・嫌い」による評価を完全にゼロにすることは難しいといわざるを得ません。

人間は感情で動く生き物です。好きな部下には、成長を促すためにあえて厳しい評価をつける上司もいます。嫌いな部下には、無難な評価をつけて「可もなく不可もなし、以上」といってフィードバックを避けようとする上司もいます。


こうしたさまざまな要因が、多くのビジネスパーソンが会社の評価に対して不満を持つ原因になっているのです。だとしたら、どうしたらよいのでしょうか？

良い悪いは別として、このような現実があることをまずは受け止め、自衛策を講じるしかありません。**評価するのが同じ人間である以上、そこには必ず主観的な「思い」が入り込みます。だからこそ、自分の「性格」に注目するのです。**

そして、**自分の性格的特徴を把握して、まずはマイナスの印象を与える行動や発言はしないように注意するのです。**それだけで、評価は大きく変わります。

評価会議で問題になる「困った人」10のタイプ

さまざまな企業の評価会議に参加していると、評価されない人には、いくつかの共通する性格的特徴があります。なかには、評価されないだけでなく「困った人」と呼ばれ、その行動が問題視されてしまう人も少なくありません。

問題視されている人も、フィードバックが適切に行われている会社なら、上司に指摘されて改善できますが、評価制度が未整備な会社では、誰も指摘してくれません。その場合、評価は下がり続ける一方です。

そこで、評価会議で問題視されがちな、よくある10のタイプを紹介します。

自分に当てはまるものはないか、当てはまった場合には何に注意したらいいのか、自身の行動を振り返って、チェックしてみてください。

（1）挨拶しない

廊下やエレベーターで会っても挨拶しない。それが理由で重要なポジションを任せてもらえない人が非常に多くいます。評価会議ではよくこんな会話が交わされています。

「Bさんは、業績も優秀だし、行動も申し分ない。最終評価も『S』にして、そろそろ課長にしてもいいんじゃないですか？」

「ちょっと待って。たしかに仕事はできるけど、Bさんって廊下で会っても挨拶しないよ」

「そうそう、同じフロアの誰にも挨拶しないって、けっこう話題になってる」

「そうなの？　それはまずいね」

「挨拶って社会人の基本でしょう。挨拶のできない人間を課長にしてしまうのは、会社としてどうなんだろう？」

「ダメだね。それが本当なら行動評価は『A』もつけられないな」

これは、本当にあった話です。社会人の基本である「マナー意識」や「誠実な対応」は、新人クラスに求められるコンピテンシーです。それができない人は、どんなに成果をあげていても、高く評価されません。とくに評価制度がしっかりしている企業ほど「人として大事なこと」を重視しています。それができない人は、「誠実さがない」と見なされ、重要なポジションを任せてもらえないのです。

あなたを見ているのは、同じ部署の人だけではありません。他部署や関連企業、出入りの業者さんなど、あらゆる人々に対する言動が評価の対象になっているのです。

自身の行動を振り返って思い当たる人は、意識して挨拶を心がけましょう。

(2) 悪口をいう

飲み会などで、会社の文句をいったり、社長や上司の悪口をいったりする人は珍しくありません。しかし、悪い噂ほど人に伝わるものです。会社の上層部や人事担当者にどこからか情報が入っている、というケースは往々にしてあります。

「営業部のCさんは、そろそろ課長にしてもいいんじゃないですか?」
「ダメだね。たしかに成果は出しているけれど、あいつ、人の悪口をいうだろう?」

評価会議では、このような会話が頻繁に交わされています。

悪口をいっていても、能力が高く、成果を出していれば、すぐに評価が下がるとは限りません。しかし、成果を出さなくなったとたんにシビアな評価が下されます。成果を出していればボーナスは下がらないかもしれませんが、出世はできません。

なぜなら、人の悪口をいう人間は、周囲から尊敬されないからです。そういう人は、組織のリーダーとしてふさわしくないと判断されます。評価する側も同じ人間です。当然、感情があります。あなたも自分の悪口をいっている部下を高く評価しようとは思いませんよね。

悪口は、ビジネスパーソンにとって非常にリスクの高い行為なのです。「批判性」や「外罰性（人のせいにする）」の高さも、性格的特徴の1つです。本人が無自覚に悪口をいっているケースも少なくありません。

自分は今、何を話しているのか、それは周囲を不快にさせていないか、言葉を発するときは常に意識したほうがいいでしょう。

（3）時間を守らない

忙しいビジネスパーソンにとって「時間」は何より貴重なものです。経営者に何か相談をしようとして、「1分！」「エレベーターのなかだけ！」といわれることも少なくありません。出社時間に来ない、打ち合わせや会議に遅れる、約束の期日を守らないなど、時間にルーズな人には厳しい評価が下されます。

遅刻が問題視されるのは、単に時間の問題だけではありません。相手に対する配慮や気づかいが欠けているからです。「時は金なり」というように、人を待たせることは相手の人生の貴重な時間を奪って無駄にしていることとイコールなのです。

そのような想像ができない**「時間泥棒」は、周囲に対する気づかいや配慮ができない人間と判断され、やはり重要なポジションは任せてもらえません。**

時間にルーズな人は、それぐらい周囲の怒りや不信を買ってしまうリスクを持っているのですが、本人はなかなか気づくことができません。

少しでも思い当たる人は、「時間」を意識して行動を変えましょう。

(4) 努力しない

当たり前のことですが、努力しない人は評価されません。会社は常に成長と変化を求めています。経験や立場によって「会社が求めること」は、次々に変化していくため、「今のままでいい」と努力しない人は、評価がどんどん下がっていきます。

「成長意欲・学習意欲」は、新人やメンバークラスに求められる基本的なコンピテンシーです。**キャリアの目標がない、曖昧。目標が場当たり的。勉強していない。勉強しなくても自分はできると思っている。失敗を活かさない。振り返らない。反省しない——。これらはすべてNGの行動とされています。**

自分は今、何を求められているのか、次に何を求められているのか、第1章で紹介した「コンピテンシー」を参考にして、具体的な行動目標を決めましょう。

(5) 笑わない

笑顔を見せない人、元気のない人、暗い雰囲気の人がいると、会社やチームの士気が下がります。

「なんであいつは笑わないの？ 周りの雰囲気を悪くしてるよね」

評価会議では、そのような会話がよく交わされています。嫌だと思う仕事でも「頑張ります！」というのがビジネスパーソンの基本です。いわば機嫌よく仕事をしている「フリ」をしているともいえます。それができないということは、社会人としての基礎ができていないと見なされてしまうのです。

感情を表情に出しやすい、出しにくい。これはまさに性格によるものなので仕方がない部分もありますが、**気持ちが表情に表れにくい人は、喜怒哀楽がわかりづらく、周囲から理解してもらえないリスクがあります。**

感情表現が苦手な人は、人と接する機会を増やしていくと、表情が豊かになっていきます。まずは、人と接する機会を増やして行動を変えてみましょう。

(6) 謝らない

ミスをしても謝らない。環境や人のせいにする。逆ギレする。こうした態度も、やはり評価が低くなる言動の1つです。

人としての常識に欠け、周囲を不快にさせることも評価が低くなる理由ですが、それ以上に、**謝れない人は「成長できない」と判断されてしまうのです。**

人は、自分の失敗を認めることから成長が始まります。失敗や未熟さを認められない人は、自身が成長する機会を失っているのです。

失敗して怒られるのは、誰もが嫌なものです。でも、良薬は口に苦し。ミスを認めたくなかったり、思わず逆上しそうになったときは、まずは感情を抑えて冷静に受け止めることを意識しましょう。

素直に謝れないというのは、問題視されている人に限らず、評価が低い人に共通する傾向です。きちんと謝れる人は、それだけでも高く評価されます。反省をして、次に活かせるので成長速度も速くなります。ぜひ自分自身を振り返ってみてください。

(7) 懲りない

段取りを組まない、納期を守らない、ルールを守らないなど、**懲りずに同じミスを繰り返す。注意されても反省せず、行動を変えない。これは人によっては「最悪」といわれ、一気に評価が下がる危険な行為です。**

ミスにもさまざまなレベルがありますが、たった1つのミスが炎上や謝罪騒動などを引き起こし、会社に致命的なダメージを与えるケースも少なくありません。

ＳＮＳの普及によって、たとえ個人の失敗や悪ふざけであっても、瞬時に世界に拡散され、世間の怒りを買う時代になりました。「またやっちゃいました、あはは」では済まないミスもあるのです。

現在は、企業のリスクマネジメントやコンプライアンスの意識が高まり、どの会社も、あらゆる「危険な要素」を徹底的に排除しようと必死になっています。懲りずに同じ失敗を繰り返す人は、まさに危険な要因そのものです。

たった一度のミスが、会社をつぶすことさえあります。何百、何千、何万という従業員や取引先、その家族に償いきれない迷惑をかけることもあり得るのです。

同じミスを繰り返す人は、そういう可能性も想像して、チェックを何度も繰り返す、上司や部下にもお願いするなど、ミスを防ぐための具体的な対策を講じましょう。

(8) 人の話を聞かない

ビジネスの基本である「報・連・相」が弱い人は総じて評価が低くなりますが、なかでも「人の話を聞かない人」は、とくに問題視されるケースが多いです。

上司の話を聞かない、聞いても指示に従わず、自分勝手な行動をとる。これは等級

を問わず、評価が低くなる行動です。

また、人の話を聞かない人は「自分を見くびっている」「バカにしている」と判断され、上司から嫌われます。チームワークを乱すため、同僚たちもイライラさせます。職位が上がると、マネジメント力がない人材と見なされます。

前述したように、マネージャーになると「傾聴力」というコンピテンシーが求められます。部下の話を聞き、相手の話を理解することが管理職の第一歩なのです。

人の話を聞かない人は、相手の話をさえぎって最後まで聞かない、自分の価値観を押しつけ、他者の意見をすぐに否定するといった傾向が見られるため、たとえ昇格できたとしても、評価は一気に下がってしまいます。

人の話が聞ける・聞けないは、やはり性格的特徴の1つです。あなたのキャリアにとって致命的なリスクになる危険性もあります。

人の話を聞くのが苦手な人は、とにかく意識して「聞く」ことを心がけましょう。

(9) たられば社員

「たられば社員」とは、「○○していたら」「○○していれば」と事実とは異なる仮定

の話を持ち出して、失敗の言い訳する人たちです。

「もっと営業が頑張っていたら、あの商品は絶対に売れた」「時期さえ早ければ、この企画は成功していた」などをはじめ、もっと人が足りていたら、スケジュールがあったら、予算があったら、設備が整っていたら、誰々が頑張っていたら……。

「そんな条件、整うわけないだろう！」とほとんどの経営者が、怒りを露わにしてそう話しています。たられば社員は、経営者からとくに嫌われるタイプの代表格です。

とくに中小企業やベンチャー企業では、経営者の意見が社員の評価に如実に反映されます。評価とは本来、公正な基準のもとに行われるべきです。経営者の主観によって左右されるのは望ましくないのですが、現実問題、そういう会社は多いです。

仕事に「たられば」はありません。今ある状況で何とかするのが、仕事ができる人＝評価される人です。

無意識に「たられば」を口にしていないか、自身の発言には十分注意しましょう。

(10) 評論家タイプ

評論家タイプとは、偉そうなことはいうものの、自分では何もしない人です。これは頭のいい人に多く、会社や組織、上司や部下、商品やサービスなどの問題点を鋭く論理的に指摘したりします、

けれども、上司が「だったら、おまえがやれ！」というと、急に黙ってうつむいたり、今度は「できない理由」を並び立てて、決して自分でやろうとはしません。

要は、文句はいうけれど、行動しない人たちです。評論家タイプは、たられば社員以上に毛嫌いされ、とくにオーナー経営者は嫌う人が多いです。

評価とは、成果と行動によって判断されるものです。どんなに立派なことをいっても、行動しなければ何も評価されません。口先だけではなく、とにかく行動に移しましょう。それがすべてです。

さて、問題視されがちな10のタイプを紹介してきましたが、いかがでしたか？

どれも当たり前のことであり、決して特別なことではありません。これらの常識的なことの怖さは、わざわざ指摘してくれる人がいないことにあります。

「遅刻しないで時間通りに来てください」
「悪口はやめましょう」
「同じミスをしないでください」

小学生ならともかく、いい大人に対して誰もそんなことはいってくれません。

しかし、これらの行動は、その人の評価を確実に下げ、致命的なミスをしたときや、昇進のタイミングなどで、突然シビアな結果としてはね返ってきます。

また、どれも無意識にやってしまうことが多く、周囲に不快な思いをさせていても、なかなか自分で気づくことができません。

だからこそ、自分を客観視し、ふだんの行動を振り返ることが大切なのです。当たり前のことを当たり前にできる人は、意外と多くはありません。**当たり前のことがきちんとできるだけでも、評価は上がります。**まずは、そのことに「気づく」ことが重要です。

「人事評価」と「自己評価」にギャップがある人は要注意

評価会議で問題になる「困った人」には、じつはもう1つ典型的なタイプがあります。それは「自己評価が高い人」です。

第1章で自己評価と人事評価にギャップがあるAさんの話を紹介しましたが、「自己評価が高い」というのは、それ自体が「評価されない行動」なのです。

これは評価会議を行っている会社に限らず、多くの会社で問題になっており、職場の「困った人」の代表例といっても過言ではありません。

では、なぜ「自己評価が高い」と人事評価が低くなるのでしょうか？

1つは、**自分を正しく認識できていない**からです。「自己客観視・状況把握」は、ビジネスパーソンの基本として求められる重要なコンピテンシーです。

自分自身を客観的にとらえることができず、主観的な理解にとどまっている。周囲の雰囲気を察しない、空気が読めない。相手の反応を見極められない言動をとり続け、受け入れない。これらはすべて評価が低くなるNGな行動です。

自己評価と人事評価にギャップがあるのは、「会社が求めていること」と「本人の行動」にズレがあるからです。やるべきことや、求められていることが10あるとしたら、3とか4しかできていないから評価が低くなるのです。

しかし、自己評価が高い人は「自分は優秀」「俺ってイケてる」と思い込んでしまっているため、そのズレに気がつきません。というよりも、気づこうとしません。自分を評価しない上司が悪い、会社が悪い、制度が悪いと責任転嫁してしまうのです。

もちろん、会社や上司に問題がある場合もあるでしょう。制度に問題がある会社があるのも事実です。優秀な人が不当に低く評価されているケースもあります。

でも、完璧な人間なんてこの世にいません。どんな人にも苦手なことや改善すべき点があるものです。それに「気づく」ことができるのが、本当に優秀な人なのです。

自己評価より低く評価されたら、そこには必ず何か理由があります。まずは、その事実を謙虚に受け入れて、自身の成長のきっかけにすべきです。

もう1つの理由は、**フィードバックが難しいこと**です。

自己評価に標準以上の「S」や「SS」をつけてきた部下に対して、「いやいや、君は『A』だよ」「『B』だよ」と本人の評価よりも低い評価を伝え、その理由を相手に理解させることは、上司にしてみれば、かなりしんどい行為です。

それでも指摘したことを本人が素直に受け入れてくれるのならアドバイスのしがいがありますが、「自分は優秀」「俺ってイケてる」と思い込んでしまっている人は、それを受け入れようとはしません。

すると、上司は、だんだん指摘しなくなっていきます。その結果、「会社が求めていること」と「本人の行動」のズレがさらに広がり、どんどん評価が下がっていってしまう、そんな悪循環が生まれてしまうのです。

「自己評価は高くつけよ」と主張されている人事系のコンサルタントもいますが、これまで数多くの企業の人事に携わってきた私としては、そのアドバイスを真に受けてしまうのは危険だとお伝えしたいです。

多くの会社で実際に高く評価されているのは、「自己評価の低い謙虚な人」や「適切な自己評価ができる人」です。自己評価が低すぎる人は「やる気がないんじゃないか？」と見なされてしまうので注意が必要ですが、周囲の評価よりも低めに自分を評価している人は、基本的に好感を持たれます。

上司にしてみれば、自己評価に「B」をつけてきた部下に対して「全然そんなことないよ、君は『A』だよ」と伝えるほうがずっと楽です。

評価は、上司の「好き・嫌い」によって左右されることが多いため、好感を持たれる部下は当然、人事評価も高くなります。謙虚な人は、上司の指摘を受け入れ、もっと成長しようとしますから、どんどん評価が高くなり、昇進し、給与も上がります

このシンプルな構造を理解しているかどうかが、評価される人と評価されない人の、大きな違いといってもいいでしょう。

自己評価より人事評価が低かったときは要注意です。30ページから35ページの評価基準となる「コンピテンシー」や、78ページから89ページの「困った人」10のタイプをチェックして、その理由を探ってみてください。

ゴマすりは、ゼロでも100%でもダメ

自分の評価を高くするために、上の立場の人に心にもないお世辞をいってゴマをすっている人。「評価される人」というと、そんなイメージはありませんか？

それは半分当たっていて、半分間違っています。

ゴマすりだけでは出世できません。ゴマすりがゼロでも評価されません。ゴマすりは1割から2割、多くても3割もあれば十分です。しかし、気づかいの言葉をいっさいいわないのも、やはり社会人として疑問視されます。

なぜなら、「ゴマすり」という言葉には、上の立場の人に媚《こ》びへつらっている卑屈な印象がありますが、別の言い方をすれば「配慮」です。

ビジネスにおいて必要とされる資質に、「配慮・サービス性」があります。これは、周囲の人々への気配りの度合いや、相手が求めていることを行おうとする姿勢を示す性格的特徴の1つです。

組織やチームで働くことが基本であるビジネスパーソンにとって、周囲の気持ちに配慮することや、周りの期待に応えようとする行動は必要不可欠です。

「今日も素敵なネクタイですね！」などと、しらじらしいお世辞を毎日いう必要はありませんが、たとえば上司と一緒に取り組んだ仕事が成功したら「さすが○○さんの企画ですね！」といった言葉はあっていいのではないでしょうか。

上司も人間です。何もいわれないより、ほめてもらったり、感謝や敬意を示されたりしたら素直にうれしいものです。喜びを分かち合えたら、お互いに気持ちよく働けます。

毎日ただ挨拶を交わすだけでなく、「おはようございます。あっ、新しいメガネに変えたんですね！」といったひと言を添えてもいいでしょう。同じ職場の仲間にきちんと関心を持つことは大切です。それは上司に対しても同様です。

上司や先輩と一緒に飲みに行っておごってもらったら、「昨日のお店、良かったですね！」「ありがとうございます！」と伝えることも、相手に対する配慮なのです。

評価されるのは、上司に限らず、あらゆる人々に対して、そうした気配りができる人です。部下やメンバー、他部署の人々、連携するチームやパートナー、出入りの業者さん、クライアントなど、関係する人すべてに「配慮・サービス性」を発揮して気持ちのよい接し方をしているのです。

他者の気持ちに配慮できる人、場の雰囲気を察して適切な言動がとれる人、周囲の期待に応えようと自ら動ける人は、上司も、周囲の人々も好感を持ち、仕事も人間関係もうまくいきます。そして当然、評価も高くなります。

大切なのは、あくまで自然にすること。不自然なゴマスリは、場合によっては不快になりかねません。それゆえ、的確にいえばゴマをするのではなく、**お互いに気持ちよく過ごすため、仕事や人間関係を楽しくするために感謝の気持ちを言葉に表す。そんな意識を持つことが大切です。**

「ヒラメ」は上司には好かれるが、部下には嫌われる

上司に配慮することは大切です。ただし、上司「だけ」に気を使うのは、リスクのある危険な行為です。

ゴマすり100％で出世しようとする管理職のなかには、「ヒラメ」と呼ばれるタイプの人たちがいます。**魚のヒラメのように、いわば「上」しか見ていない人。上司の顔色だけをうかがって、部下のことはまるで眼中にない人たちです。**

ヒラメは、上には絶対に逆らわないので、上司からは好かれます。成果さえ出していれば、そこそこ出世できたりもします。

しかし、こういう人たちは、本当の意味で組織のトップに立つことはできません。なぜなら、部下から徹底的に嫌われているからです。

それは、次のような構図からです。出世するためには、成果を出さなくてはいけません。だからヒラメは、部下にどんどん仕事を押しつけます。上司の言いなりになって、平気で無茶振りもします。しかし過酷な目標を与えられ、部下がどんなに苦しんでいても、何のフォローもしません。トラブルが起きたら、その責任まで部下に押しつけます。当然、部下からは総スカンです。

部長クラスのリーダーになるためには、組織が進むべき道を示し、たとえ立場が上の人間から反対されても、根拠を示して説得し、信念を貫いていく強さが必要です。**強い者に弱く、弱い者に強い。すぐに翻《ひるがえ》る。批判されないように立ち回る。これがヒラメによく見られる特徴です。**イエスマンは部下から信頼されず、人望も得られないため、組織のトップには立てないのです。

ヒューマンマネジメントで求められるものは「協調性」「主体性」「育成」と立場によって変化するとお伝えしましたが、次に求められるのは「人材発掘・活用」です。

多くの人材のなかから、優れた人材を見つけ出し、機会を与える。メンバーから優れたアイデアを引き出し、実現を支援する。社内外の有力な人材を見つけ出し、口説

き、惹きつけ、入社させる。部長クラスになると、この「人材発掘・活用」のコンピテンシーが求められます

ヒラメは上司の顔色をうかがって課長クラスまでは昇進できても、部下のことはきちんと見てこなかったとしたら、これらの行動を実現するのはまず不可能です。

優れた人材を発掘するためには、社内外に人的ネットワークを築く必要があります。メンバーから優れたアイデアを引き出すためには、日々のコミュニケーションが不可欠です。社外の有力な人材に声をかけて引き抜くためには、お金だけではなく、夢やビジョンで惹きつけられる自分自身に魅力があるかどうかが、大きなポイントになります。人望のないヒラメには、それらができません。

そもそも、自分が仕えてきた上司が失脚したら即アウトです。だからこそ、「ゴマすり」は3割でいいのです。「配慮・サービス性」は必要ですが、それだけで人の評価が決まるわけではありません。

何事も適度なバランスが重要です。人に気を使いすぎても、主体性を失ってしまいます。主体性が強すぎて協調性がいっさいないのも、やはり問題視されます。

そのバランスを見極めることが、あなたのキャリア形成に大きく影響するのです。

空気を読みすぎる人は、出世しない

周囲に気を配り、適切な言動を行う。いわゆる「空気を読むこと」は、ビジネスパーソンにとって重要なスキルです。空気を読むのが得意なのは、性格的特徴の1つである「協調性」が高い人によく見られる傾向です。「協調性」とは、相手に合わせようとする姿勢や、周囲に気を使うことの度合いを示すパーソナリティの1つです。

協調性が高い人は、周囲との関係を第一に考えて行動します。「和」を尊《とうと》び、人と険悪な関係になることや軋轢《あつれき》を避けようとします。

組織やチームで仕事をするうえで、協調性は不可欠です。周囲の人々に協力し、困っている人がいたら手助けをする人は、高く評価されます。しかし、政治家や役人の「忖度《そんたく》」が社会問題にまで発展したように、空気を読みすぎると評価を下げます。

経営者や部長クラスには、じつは協調性が高いとはいえない人が大勢います。職位が高くになるにつれて、協調性がしだいに下がっていく傾向も見受けられます。**前例や慣習にとらわれずに新しい事業を始めたり、組織を変革していくためには、時には空気を読まず、批判や反対をされても、自分の信念を貫いているからです。**

協調性が高い人は、これらの行動が苦手な傾向があります。周囲との人間関係だけを重視して行動していると、自己主張すること、批判や反対をされても信念を貫くことを避けるようになってしまいます。もし、あなたが協調性の高い性格で、かつリーダーを目指している人なら、自分のなかのスイッチを切り替えることが必要です。

誰の心のなかにも、さまざまな「性格のスイッチ」があります。

周囲との和を尊び、チームワークを大切にする「協調性」もあれば、自身の意見を強く表明しようとする「自己主張」のスイッチもあります。信念を貫こうとする「頑固」もあれば、変化に適応しようとする「適応性」もあります。

ただし、それぞれの度合いの「高さ・低さ」は人によって異なります。「協調性」が高い人もいれば、「自己主張」が高い人、「頑固」が高い人、「適応性」が高い人もいます。この違いが、人それぞれの個性をつくっているのです。その個性がビジネスでプラスになることもあれば、マイナスになることもあります。

これらのスイッチのON／OFFを、時と場合によって切り替えましょう。

たとえば、チームワークが必要な場面では「協調性」や「適応性」のスイッチをONにして、「自己主張」や「頑固」はOFFにする。

リーダーとして信念を貫くことが必要な場面なら、逆に「自己主張」や「頑固」をONにして、「協調性」や「適応性」はOFFにする。

知り合いの経営者で、「社長のときの自分」と「プライベートの自分」を見事に使い分けている人がいます。プライベートでは、おっちょこちょいのかわいい人なのですが、会社で「社長」を務めているときには、しっかりした別の人格が現れます。

つまり、「社長」に求められる役割を「意識して演じている」のです。自分自身を俯瞰して眺め、そのコントロールがうまくできる人が、高く評価されている人です。

空気を読むことも大切ですが、状況を読み、自分のなかにあるさまざまな性格のスイッチをコントロールすることは、それ以上に重要です。

運のいい人は、運が良くなる行動をしている

「成果と行動と能力、どれをいちばん評価しますか?」

ある経営者にそう尋ねると、その人は「ほぼ100%、成果だよ」とお答えになりました。私はさらに聞いてみました。

「でも、成果は運に左右されますよね」

「成果を出す人は、運がいいです。運が良くなる行動をしているんです」

その経営者は、そのように断言しました。

たしかにそうかもしれません。成功者と呼ばれる人は、ほぼ例外なくポジティブ思考です。運が悪いと嘆いたりせず、運が良くなる行動しているから成果が出るのです。

経営の神様・松下幸之助さんは、面接の最後に必ず「あなたは運がいいですか？」と質問したといいます。

そして「運が悪いです」と答えた人は、どれだけ学歴が高く、面接の内容が良くても採用せず、「私は運がいいです」と答えた人は「人に恵まれている」と判断して積極的に採用していたというのは有名な話です。

自分は、運がいいと考えるか、悪いと考えるか。

これもやはり「性格」が影響しています。性格的特徴の1つに「楽観性」があります。**「楽観性」とは、物事を明るく希望的にとらえるか、厳しく現実を見つめて悲観的にとらえるのか、思考の傾向を示すパーソナリティです。**

ポジティブな思考についてよく使われる例ですが、水が半分入っているコップを見て「まだ半分もある」と考えるのが「楽観性」の高い人、「もう半分しかない」と考えるのが「楽観性」の低い人といえるでしょう。

「楽観性」は持って生まれた気質に近く、幼少期に形成された性格の根っこの部分にあたるため、自分では変えにくい資質の1つとされています。

しかし、たとえ「楽観性」が低い人でも、行動を変えることは可能です。「自分は運が悪い。失敗するかもしれない」と、たとえ心のなかでは思っていても、決して口には出さないようにするのです。そうすれば、あなたが「楽観性」の低い人でも他人にはわかりません。

夢や願望は、口に出すと実現するといわれています。「自分は運がいい」と言葉にして、明るく朗《ほが》らかに物事を考えることを意識したり、リスクを考えるよりも行動することを習慣化していけば、本当に運が良くなるかもしれません。

ここでも大切なのは、まずは自分を知ることです。

「楽観性」が低いことに気づいていない人は、チームで仕事をするときも「そんなことをやっても、うまくいくはずないよ」「絶対に失敗するから、やるだけムダだよ」などと無意識に口にしてしまい、メンバーのモチベーションを下げてしまいます。

そうしたネガティブな発言も、評価が低くなる行動の1つです。だからこそ、自分の性格を知って、日頃の言動に注意する必要があるのです。

「楽観性」が低い人にも、もちろん強みはあります。たとえ良いことがあっても「油断してはいけない」と考え、物事を冷静に分析することができます。

過去の失敗を振り返り、未来を厳しく見つめる強さもあります。そのような性格を活かして、「楽観性」の高い経営者の右腕として活躍している人も多くいます。「楽観性」が低いことが、すべてマイナスに作用するわけではありません

しかし、ほとんどの経営者は、物事を悲観的に考える人より、明るく未来を見つめる人を好み、高く評価しています。

つまり、ここでも**自分の性格的特徴を使い分けることが必要なのです**。

周囲の状況や人々が求めているものを察知して、ある場面では「楽観性」が低いという自身の性格スイッチをＯＦＦにして、明るく希望的に考える。ある場面では、ＯＮにして冷静に物事を分析する。成功している経営者には、現実を厳しく慎重に見つめながら、あえて「楽観性」の高いペルソナを演じている人が多くいます。

この性格スイッチの「ＯＮ」「ＯＦＦ」の切り替えこそが、評価を高める秘訣なのです。

「明るく、元気で、素直な人」は、やっぱり評価が高い

企業はどんな人材を求めているのか？　経営者はどんな社員を好んでいるのか？

この答えはハッキリしています。

明るく、元気で、素直な人です。

企業が求める人材像について、経営者や人事担当者に尋ねると、ほとんどの方がそう答えます。その理由について、ある経営者はこういっていました。

「だって、逆は嫌でしょう？」

暗くて、元気がなくて、素直じゃない人……。

私自身も経営者なので気持ちはよくわかりますが、印象だけで人物の評価をするのは良くありません。そこで、「明るく、元気で、素直な人」が評価される理由を、性格的特徴から分解して客観的に考えてみましょう。


「明るい」とは、「楽観性」が高いということです。「楽観性」が高い人は、明るく朗らかに物事をとらえます。たとえ良くないことがあっても、将来はきっと良くなると信じて、くよくよしません。リスクを考えるよりも「とりあえずやってみよう！」と行動することに意義を感じます。そのため、周囲にもポジティブな影響を与えます。

「元気」は、エネルギーの総量を示します。元気がある人は、エネルギーの量が多いため、ストレス耐性も高いです。仕事量が多くてもあまり苦にならず、不確定な状況や矛盾があっても前に進める強さを持っています。

「素直」な人は、周囲の人々の意見に耳を傾け、他者の教えを謙虚に受け入れます。改善すべき点があれば、すぐに行動に移します。

つまり、**明るく、元気で、素直な人は、物事をポジティブにとらえ、行動力があり、仕事に対するストレス耐性が強く、周囲のアドバイスを受け入れ、常に自分を成長させようとしている人、**ということになります。

こうしてとらえ直してみると、多くの企業や経営者が「明るく、元気で、素直な人材」を求めている理由がよくわかります。

では、「明るく、元気で、素直」を身につけるにはどうしたらいいのでしょうか？

「陽転思考」という考え方を軸にして人材教育活動を行っていて、私の師でもある小田全宏《ぜんこう》先生は、物事の見方を変えることが大切だとおっしゃっていました。

「寒いなぁ……」

私たちは、寒いと感じるとそう口にします。それは脳が「寒い」と感じているからです。しかし、視点を変えて、北極や南極と比べてみると、日本は暖かいわけです。

「仕事が多くて嫌だなぁ」

こういう思いも、脳の主観的な判断にすぎません。「仕事がたくさんあってうれしいなあ！」と思えば、「仕事が多い」という事実のとらえ方が１８０度変わります。

また、私たちは、先のことを考えて「どうしよう」とよく不安になります。失敗したらどうしよう、リストラされたらどうしよう、病気になったらどうしよう……。

でも、この「どうしよう」という言葉は、じつは意味がありません。なぜなら先のことはまだ何も起こっていないからです。起こってもいないことに対して、悲観的な想像をして不安に怯えていても、何もいいことはありません。

出来事を肯定的にとらえることによって、「楽観性」という性格スイッチもＯＮになります。

もちろん、すべての悩みが消えるわけではなく、不可能なことがなくなるわけでもありません。しかし、こうした物の見方を身につけることで、仕事に対する姿勢は大きく変わります。仕事が楽しくなり、評価も高くなります。

では、最後の1つである「素直」は、どうやって身につけたらいいのでしょうか？
小田全宏先生から聞いた話で、小田先生の師匠にあたる松下幸之助さんは、こうおっしゃっていたそうです。

「人生のなかで素直になることが最も大切なことや」

ただし、それがいちばん難しい、と。

「素直になりたいと、30年心から念じていたら素直の初段になれる。そうすると物事が大体ありのままに見えるようになる。そしてまた30年すると二段になる。五段になったら神様やな」

松下幸之助さんは、そういって笑っておられたそうです。

とするなら、私たちが「素直」の初段になるためには、30年間、思い続けていかなければいけないのかもしれません。

気の遠くなるような年月ですが、これもとらえ方しだいです。たったの30年で「人生で最も大切なこと」が身につけられると考えればいいのです。

初段になるには30年かかるかもしれませんが、「素直」になることを目指して、物の見方を変えていけば、すぐに5級くらいにはなれるかもしれません。たとえ5級であっても「素直」は「素直」です。素直な人は、高く評価されます。

世の中で高く評価されている人は、このようにして自分を見つめ直し、自身を成長させるために、たゆまぬ努力を続けています。

私がこれまで出会ってきた評価の高い人たちはみんなそうでした。自分はどんな人間なのかを客観的に知ることができれば、成長する方法も具体化できます。

次章では、その方法についてさらに詳しく説明していきます。

第3章

評価が高い人は「自分」を知っている

一流の人は、「自分」をよく理解している

私はこれまで1万人以上の面談を行ってきました。評価面談、昇格面談、採用面談など、1日に50人、多いときには100人くらいのビジネスパーソンに会って話をします。これらの出会いを通じてわかったのは、「一流の人は自分のことをよく理解している」ということです。

評価が高い人、昇格する人、採用される人は、自分を適切に評価できています。自分はどんな性格なのか、得意なことや苦手なこと、改善すべき点が明確になっています。それは面談をすると、次のような発言ですぐにわかります。

「私はタスクマネジメントは得意なほうですが、ヒューマンマネジメントが苦手で

す。今後の課題は、人材育成です」

長所・短所について質問すると、このような答えがパッと返ってきます。評価面談も次のようなやりとりになります。

――あなたは、今期の仕事をどのように自己評価していますか？

「無理なく目標を達成できる仕組みをつくれましたので、タスクマネジメントでは成長できました。ただ、ヒューマンマネジメントに関しては、メンバーと話す機会も増やしたのですが、人材育成の面でまだまだ未熟だと反省しています」

――具体的にいうと？

「私はメンバーの欠点を厳しく批判してしまう傾向があって、チーム全体のモチベーションが下がる場面が何度かありました。『動機づけ』のスキルを高めて、メンバー自身がもっと能動的に動けるチームにしていかなくてはいけないと思っています」

――人材育成が苦手な理由は何だと思いますか？

「私の欠点は、気分にムラがあるところです。アンガーマネジメントを取り入れて、イラッとしたり、カッとなっても、6秒はガマンすることを自分のルールにして、感情を抑制するスキルを身につけます」

評価が高い人は、このように自分の得意・不得意はもちろん、課題となるコンピテンシー、必要なスキル、性格的な弱点も把握していて、その対策も講じています。

一方、評価が低い人は、自分のことがよくわかっておらず、長所や短所も漠然としていて明確になっていません。そのため、面談は次のようなやりとりになりがちです。

——あなたは、今期の仕事をどのように自己評価していますか？

「全体的に頑張ったと思います」

——具体的にいうと？

「達成に向けて努力しました」

——目標を達成できなかった理由は、何だと思いますか？

「努力が足りなかったからだと思います」

――今後の課題は？

「問題はとくになかったと思うのですが……。達成に向けて努力したいと思います」

「全体的に」「頑張った」「努力した」――どれも曖昧な言葉です。これでは何を伸ばして、何を改善すればいいのか、具体的なことが見えてきません。

さまざまな企業の目標設定会議に参加すると、「決算仕訳のミスを極力なくすよう努力する」「経費精算のスケジュールを周知徹底する」「新会計システムの導入を着実に実施する」といった目標を立てている人が多くいます。

「努力する」「徹底する」「着実に実施する」――これらはすべて目標設定のNGワードなのです。

こうした曖昧な表現は、どこかに行くときに「西を目指せ！」といっているようなものです。考えてみてください。「西を目指せ！」では、東京から大阪まで行けば達成なのか、九州まで行けばいいのか、目的地（目標）が曖昧で、人によってとらえ方も変わります。

明確な目標とは、明日の夜7時に大阪・肥後橋の「和じ庵」という居酒屋で生ビールを注文している、という状態のことです。目標の達成基準は、ここまで具体的にしておくのが理想なのです（ちなみに、これは私のある日の実際の予定ですが……）。

昇格面接でも「○○が課題です」とハッキリ明言できる人が昇格しやすいです。採用面接で合格するのも、やはり自分の不得意なことを具体的にいえる人です。

なかには、自分ができないことまで「できます！」といってしまう人がいますが、何百人も面接していれば、それが本当かどうかはすぐにわかります。本当のことがいえない人は信頼されず、評価されなければ昇格できません。

評価されるために必要なのは、自分を大きく見せることではありません。**自分を適切に評価することです。そして、何をすべきか目標を明確にすることなのです。**

「自分のことがわかっていない人」の評価が低くなる理由

会社が社員に求めているのは、「変化」と「成長」です。いわば、「現在」の自分を変えることです。その「現在」がどういう状態なのかを理解できていなければ、そもそも何をどう変えていいのかわかりません。

では、なぜ会社は「変化」と「成長」を求めるのでしょうか？

給与とは、社員が会社や世の中に提供した「価値（＝成果や行動）」の対価です。会社は、年収300万円の社員にはその年収に見合った価値を、年収1000万円の社員にはその年収に見合った価値の提供を求めます。

その価値を測る基準が「評価」なのです。だから、昇格するごとに評価基準も変化し、要求するレベルも上がっていくのです。

自分を適切に評価できていない人は、その価値を提供することができません。自分を理解できていないため、得意な分野を伸ばすこともできず、苦手な分野はずっと苦手なまま。結果、会社が求める行動とのギャップがどんどん大きくなっていってしまいます。

そのため、多くの会社では「状況把握・自己客観視」というコンピテンシーを20代前半の「メンバークラス」の評価基準に設定しています。

つまり、**自己客観視ができない人は、昇格できない仕組みになっているのです。**

ただし、第2章でお伝えしたように、日本では9割の会社が「好き・嫌い」や「印象」で人事評価を行っているため、自己客観視ができていない人でも、マネージャーなどに昇格できる場合もあります。

これは一見いいことのように思われるかもしれませんが、全然そうではありません。むしろ、ものすごく怖いことなのです。

自分を客観視できないまま昇格してしまうと、ポジションに見合った実力がなくても「自分は優秀」「私はできる」と勘違いしてしまいます。会社が求めることは変化するので、自己評価と人事評価のギャップがどんどん広がっていきます。

自己評価の高い人は、上司から人事評価の理由を説明されても納得できず、行動を変えません。すると、さらに評価が下がっていきます。上司も「何をいってもムダ」と判断してアドバイスもしなくなり、悪循環が続いていきます。

そして、ある日突然「この先、どう考えてるの?」などといわれ、退職勧奨を受けてしまったりするのです。こういう悲劇が本当に多くの会社で起こっています。


「退職勧奨をしたいので、本人の意向を聞いてほしい」


そんな依頼を受けて面談すると、やはり自己評価が高い人が多く、自分の評価が低い理由は会社や上司にあると考えています。

あるサービス業の会社に勤める男性と面談したときも、やはりそうでした。

その男性は、10数名のメンバーを率いる店舗マネージャーで、それなりの実績もあげていました。しかし平日、休日、昼夜を問わず、部下を無理やり働かせているので、メンバーが次々に倒れ、社内で大問題になっていました。

「あの人の下で働くのはもう勘弁してください」

そんなクレームが役員にまで送られてきて、本人と話しても理解してもらえない。だから、私に代わりに話をしてみてほしいということでした。

実際に会って話をしてみると、次のようなやりとりになりました。

――メンバーとは、うまくやっていますか？

「はい、うまくやっています。私はプレーヤー指向なので、マネジメントはちょっと不足しているところもあるかもしれませんが、何の問題もありません」

――クレームがあったと聞いているのですが。

「それは誤解です。私自身のマネジメントには、何の落ち度もありません」

――でも、部下が次々に倒れているんですよね。上司のあなた自身にも何か反省すべき点はなかったんですか？

「ないですね。それは会社自体の問題です」

この男性マネージャーも、自分の問題点にまったく気づいていませんでした。その日はこういって、私はその場をあとにしました。

「どんな人にも改善すべき点はあるものです。会社や上司にも問題はあったかもしれませんが、もう少し謙虚になって、自分に反省すべき点がないかを振り返ったほうがいいいんじゃないですか。長い目でみたら、そのほうがいいと思いますよ」

後日、役員に話を聞いてみると「退職勧奨みたいなことをいわれました」としかいっていなかったそうで、残念ながらあまり理解してもらえなかったようです。結局、この男性マネージャーは、会社との折り合いがうまくつかず、自ら会社を去っていきました。

自分を理解できていない人は、自分を客観視して行動を変えれば、評価は上がります。昇進もできますし、給与も上がります。必要なのは「きっかけ」だけです。

問題なのは、自分を理解しようとしない人です。

本人にその意思がなければ、その「きっかけ」は永遠にやってきません。得意な分野を伸ばすことも、苦手な分野を克服することもできません。

評価は下がり続け、人間関係も悪化し、会社に居場所を失いかねません。この根本的な問題を解決できなければ、転職しても同じ結果を繰り返すことになります。

スーパーマンになる必要なんてない

自分を理解しようとしない人は、自分と向き合うのが怖いのでしょう。

自分を客観視すると、良い面ばかりでなく、良くない面やダメな部分も知ることになります。それを認めるのが怖いのです。

その気持ちは、私もよくわかります。私は自分の写真を見るのが嫌いです。写真を見ると、「うわっ、太ったなぁ……」などと自分のリアルな姿にショックを受けて落ち込んだりするからです。だから、できれば見たくありません（今は「太った」と思ったころよりはやせましたが）。

でも、自分を直視しなければ、変わることもできません。

太った自分が嫌なら、やせればいいのです。ジムに通ったり、食事制限をしたりしてダイエットに成功すれば、写真を見るのが嫌ではなくなります。やせることに成功したら、毎日鏡を見るのが楽しくて仕方がないでしょう。

仕事も同じです。

自分のリアルな力を知るのは、嫌なものです。怖いものです。できることなら目を背けて「自分は優秀！」「私ってイケてる！」と思い込んでいたいものです。

でも、**自分と向き合うことから逃げていては、何も変わりません。**

そもそも完璧な人間なんていないのです。どんなに高く評価されている人でも、弱みや欠点は必ずあります。そこから逃げることなく、自分と向き合っているから、仕事の質が向上し、ますます高く評価されるのです。

なんでもできるスーパーマンになる必要なんてありません。会社もそんなことは求めていません。苦手なことがあっても、それに対処する方法を考えればいいのです。

本音をいえば、私は段取りが嫌いです。細かいチェックをするのも苦手です。

とはいえ、経営者である以上、そんなことはいっていられません。好きではないし、得意でもありませんが、計画立案はしっかり行います。ただし、進捗管理は細かいチェックが得意なメンバーにサポートをお願いしています。締め切りも早めに設定し、複数の体制でチェックを行い、ケアレスミスを防ぐ手立ても打っています。

私は人の話を聞くのも苦手でした。だから、相づち・うなずきといったボディランゲージ、言い換えや要約などを会話に挟み込むスキルを身につけ、相手の話を理解しようとしていることを言葉や態度で示す工夫をしています。

嫌いなことや苦手なことであっても、ずっと続けていくうちに、それほど苦手ではなくなり、以前よりも好きになっていきます。継続は力なりです。

苦手なことが減り、得意なことが増えれば、自分を知ることが楽しくなってきます。次はこのスキルを身につけよう、この知識を習得しようと、向上意欲がどんどん湧いてきます。成長するためには、こうした良い循環をつくり出すことが大切なのです。

「自分のダメなところ」もわかっていると武器になる

苦手なことは、必ずしも克服する必要はありません。苦手なことさえ自覚していれば、そのまま「武器」にすることも可能です。

たとえば、営業という職種は、話が上手な人や人見知りしない人が向いている印象があります。では、話すのが苦手な人や人見知りする人が向いていないのかというと、決してそんなことはありません。

「一流」と呼ばれている営業には、じつは人と話をするのが苦手な人や、人見知りな性格の人が多くいます。

営業とは、商品やサービスによってお客様の問題を解決する仕事です。そのためには、まずお客様の話を「聞く」ことが大切です。話すことが苦手でも、人の話を聞くことができれば、それを「武器」にすることができるのです。

また、営業という仕事に対して、「うまいことをいって商品を売りつける仕事」というったネガティブなイメージを持っている人もいるかもしれません。実際は、調子のいいことをペラペラ話す人よりも、物静かな人のほうが誠実な印象を与え、営業にとって最も大切な「お客様の信頼」を得ることができます。

私は大学を卒業後、新卒でいすゞ自動車に入社し、その後、株式会社リクルートに転職しました。リクルートでは営業をしていたのですが、当時はこのことにまったく気づいていませんでした。営業とは「話す仕事」だと思い込み（周囲からも「西尾は営業に向いている、よくしゃべるから」といわれていました）、お客様が退屈していたとしても、それに気づかず、一方的にしゃべり続けていたように思います。

当時は「人の話を聞くのが苦手」という自分の性格にも気づいていなかったため、空気も読まずに話し続けるダメな営業マンだったのでしょう。営業は「発信力」よりも「受信力」が大切。早くそのことに気づいていれば、営業マンとしてもっと活躍できたかもしれません（それに気づいたのはリクルートを退職したあとですので、どうなったかわかりませんが)。
この頃の残念な仕事ぶりは、私が自己客観視の重要性に気づくことになったきっかけの1つにもなっています。

一般的には「欠点」や「弱み」のように思われている性格的特徴であっても、自分の武器にする方法はいくらでもあります。

というよりも、**どんな性格であっても、それを武器にすることは可能なのです。**

自分は決断力がないと思う人は、視点を変えれば、多くの選択肢のなかから最良の答えを見つけることを強みにできます。情報収集力や問題分析力を磨けば、メンバーから頼られる存在になるのはもちろん、組織の戦略策定においても大きな力を発揮できます。

頑固な人は、新人時代は低い評価になりがちです。しかし頑固さを抑えて昇格できれば、妥協しない仕事ぶりを高く評価してくれる人も現れます。歴史に残るような大ヒット商品は、個人のこだわりから生まれるケースがほとんどです

最近は、企業の採用基準としてストレスのコントロールができる人を重視する傾向

が強まっていて、ストレスに弱い人は評価されにくくなっています。しかし、ストレスに強い人は鈍感であることが多く、人の気持ちがわからないので、他人を傷つけることが少なくありません。

その点、ストレスに弱い人は、人の気持ちを敏感に感じ取れます。人の気持ちがわかる人は、ヒューマンマネジメントで高い能力を発揮できます。

どんな性格であっても、それを活かして、高い評価を得ることは可能です。逆に強みだと思っている特徴が裏目に出ることもあります。

だからこそ、**まずは自分の性格と、その特徴を知っておく必要があるのです。**

「盲点の窓」の見つけ方

では、どうやって自分を客観視し、自分の特徴を理解したらいいのでしょうか？

評価のフィードバックを丁寧にやっている会社なら自分の改善点に気づくことができますが、残念ながら、すべての会社がそうではありません。

「自分は周囲の人々にどう思われているのか？」。テクノロジーの発展と反比例するように、この誰もが気になる「本音」を知ることが極めて難しい時代になってきました。

昔は、上司に厳しく指導され、説教されることも日常茶飯事でした。私も毎日のように叱られていましたが、そうして自分の改善すべき点がわかり、成長できたこともたくさんありました。

しかし、パワハラが社会問題として厳しく摘発されるようになり、現在は上司が部下を叱ることが難しい時代になっています。その背景には、ＳＮＳなどのコミュニケーションツールが爆発的に増え、うかつな発言をすると、すぐに炎上・拡散といった事態に発展してしまうため、誰もが慎重な発言を心がけるようになっているということもあるのでしょう。

実際に、上司も部下に対して、オブラートに包むような物言いをするケースは少なくありません。上司との本音のやりとりが減るというのは、「自分でも気づかない自分」を知る機会を失っているともいえます。

「ジョハリの窓」という図（次ページ参照）は、自己分析の方法としてよく知られています。この図は、４つの姿の自分があることを教えてくれます。

・第１の窓　開放の窓（自分も、他人も、知っている自分）
・第２の窓　秘密の窓（自分だけが知っていて、他人は知らない自分）
・第３の窓　盲点の窓（自分は知らない、他人だけが知っている自分）
・第４の窓　未知の窓（自分も、他人も、知らない自分）

ジョハリの窓

	自分が知っている	自分が知らない
他人が知っている	❶ **開放の窓** 自分も、他人も、知っている自分	❸ **盲点の窓** 自分は知らない、他人だけが知っている自分
他人が知らない	❷ **秘密の窓** 自分だけが知っていて、他人は知らない自分	❹ **未知の窓** 自分も、他人も、知らない自分

自己客観視をするうえで大切なのは、第3の窓「盲点の窓」を開くことです。

しかし、本音を知りにくい今の時代にどうやって「自分は知らない、他人だけが知っている自分」を知ればいいのでしょうか？

知人や同僚に「私のダメな点や直したほうがいいことがあったら教えてほしい」とお願いしても、本音で答えてくれるとは限りません。差し障《さわ》りのない無難な回答をするのが、大人の対処ともいえるでしょう。

となると、自分の性格は、自分自身で知るしかありません。

「自分」について客観的に知る方法

私はこれまで30年近く「人事」の世界に時間を費やしてきました。ただし、「人事」とひと言でいっても、採用、配置、任免、等級、評価、給与、労務、規程、育成と、さまざまな分野があります。

「人事」の問題は、これらすべてがつながっているので、どれか1つの課題を解決しても、どれか1つが欠けても、根本的な問題解決にはならないところにあります。にもかかわらず、そのすべての分野に精通している専門家がほとんど存在しないというのが実状です。

しかし、私たちの会社には、これらの総合的な知見があります。ですから、どの会社にも劣ることのないサービスを提供し、企業と働く人の成長を推進し続ける「人事のプロ」であるという自負がありました。

ところがある日、気づいてしまったのです。当社にも足りないものがあるということに。それが、働く人が「自分」について客観的に知る方法でした。


きっかけは「適性検査は人の成長の役に立っているのか？」という、ふとした疑問からでした。適性検査とは「ＳＰＩ」などに代表される、採用や研修などの際に使われている性格や知能などを測定する診断ツールです。

世の中にはたくさんの優れた適性検査がありますが、あくまで企業の人事部門が採用や適材適所の判断のために使っており、その結果が本人にフィードバックされるケースはほとんどありません。

しかし、適性検査には、受検者に「気づき」を与えてくれる要素がたくさんあります。

そう考えた私は、株式会社イー・ファルコン様にご協力をお願いしました。同社はほかの適性検査を圧倒する測定項目数で、網羅性と高い信頼性を誇る「職業総合適性診断ｅＦ－１」を有しており、これをもとに同社と共同でパーソナリティ診断ツール

「B-CAV® test II」を開発しました。

これは一般的な適性検査と同じく、質問に答えることで個人のパーソナリティを可視化するもので、そのパーソナリティからコンピテンシーの発揮予見ができるのが最大の特徴です。

つまり、**こういう性格の人は、こういう行動をとりがち・避けがち、どんな行動が得意・不得意といった傾向が、統計と知見から「見える化」できるのです。**この客観性を利用して、自分自身を見つめ直し、今後のキャリアに役立ててもらおうというのが、従来の適性検査との大きな違いです。

このパーソナリティ診断ツール「B-CAV® test II」をベースにした、本書オリジナルの「自己診断チェックシート」を次章で掲載します。

これでチェックしていけば、自身の「特性」や「伸ばすべき点・改善すべき点」などを客観的かつ的確に認識でき、望むキャリアや人間関係、ストレスのない生き方をしていくための行動変革が可能となります

これまでにパーソナリティ診断を受けていただいた方々からは、次のような感想をいただいています。

「いちばん衝撃だったのは『頑固』という特徴がかなり出ていたことです。今まで人からいわれたことはありましたが、あらためて自分でも『そうだったんだ！』と納得できました。いい意味での『こだわり』と、そうではない『こだわり』を分けて持つことを意識して、人と接するときの自分を変えてみようと思います」

「自覚していた部分の再認識と、気づいていなかった部分を新たに発見することができて良かったです。自分では『緻密性』がもう少しあるかと思っていたのに、低かったのでびっくりしました。また、今まで『思い込み』が激しかったのだなと思い、それを改善していこうと思いました」

「自分のマネジメントを振り返るいい機会になりました。どうしても成果や数字ばかりを見て、ゴールで人を引っ張る傾向があり、内面を見ることがあまり得意ではなかったからです」

「印象に残ったのは、自分で『強み』だと思っていたことが、じつは無理して『強み』にしていたんだなと思ったことです。どちらかというと積極的に周りを引っ張っていこうとしていたのですが、診断結果から『協調性』が強いということがわかりました。なので、これからは決めごとはみんなで話し合ったほうがいいんだなと気づくことができ、早速実践してみると、自分が楽になったと感じることできました」

あなたは、どんな性格なのでしょうか？
何が得意で、何が苦手なのでしょうか？

この方たちと同じように、意外な結果が出るかもしれません。では、筆記用具をご用意ください。次章で、自分自身について客観的に理解しましょう。

第4章

あなたのパーソナリティを「見える化」する自己診断チェックシート

内面の特徴を可視化する「34のパーソナリティ」

本章に掲載する「自己診断チェックシート」は、**ビジネスで必要とされる人の内面の特徴を、ワークスタイル系、コミュニケーション系、エモーション系、ストレス耐性系の4つに分類した「34のパーソナリティ」で、あなたの性格を「見える化」します。**

パーソナリティの項目は、株式会社イー・ファルコン様が開発・保有する職業総合適性診断「eF－1」をもとに設計されています。

ワークスタイル系……働き方における特徴
コミュニケーション系……人との関わりにおける特徴
エモーション系……情動面における特徴

ストレス耐性系…………就業上の各種ストレスに対しての特徴

このチェックシートによって明らかになるのは、あなたのパーソナリティです。パーソナリティとは、革新性、決断性、責任感、積極性、適応性、頑固、素直、友好性、協調性、配慮・サービス性、批判性、負けず嫌い、フレーム指向、データ指向、楽観性をはじめ、人それぞれの個性を形成している多種多様な性格的特徴です。

パーソナリティと性格は同義に近いですが、**パーソナリティは、幼少期に形成されたとされる「気質」から経験を積むごとに積み重なっていき、今の環境に適応しようとしている部分などで構成されているもので、変えやすい部分と変えにくい部分があります。また、年齢・経験・環境によっても変化します。**

前述の「B-CAV® test II」にもとづき、私がこれまでの人事での経験において多くの方々にフィードバックするなかで、パーソナリティが仕事や評価にどのように影響するのかを可視化し、それぞれの特徴について解説します。

どのパーソナリティも、高い場合・低い場合で現れる特徴が異なります。それぞれの結果を正しく把握して、自分の性格上の傾向を理解しましょう。

チェックのやり方は、簡単です。各ページの「自己診断チェック」を見て、該当する項目に印をつけるだけです。

答えに悩んでしまう項目があっても、あまり深く考えず「どちらかといえばイエス」「どちらかといえばノー」と判断して印をつけていきましょう。

注意していただきたいのは、実際の自分とは異なる「理想の自分」としての回答をしないこと。このチェックの目的は、自分の性格を客観的に正しく理解することです。

リアルな自分がわからなければ、行動を変えることはできません。

ふだんの言動を振り返って「ありのままの自分」で答えて、自分はどんな性格なのか、どんな特徴があるのかを理解することが大切です。

自分に当てはまる項目にチェックをつけましょう。おおむね3つチェックがついたら「高」、2つ以下であれば「低」です。

自己診断チェック

Q.1

- □引っ越しや模様替えなど、変化を起こすことが好き
- □現状のままではいたくないと常に思う
- □変わること、変えることが大事だと思う
- □チャンスがあると思えば、リスクはいとわない
- □安心・安定よりスリルを求めることが多い

ワークスタイル系パーソナリティ 1

革新性

新しいことや、変化に対する志向性

高い場合の特徴

- 新しい取り組みに挑める
- これまでの慣習を否定する
- 過去は気にしない
- 反対意見があっても何かを変えることがある
- 変えたい反面、変えたあとのことはあまり考えない

革新性の高い人は「変化」を好む人です。新しい取り組みに積極的にチャレンジしたり、常識に縛られない自由な発想ができたりします。ベンチャー企業など、常に変化が求められる環境で働くのが合っている人は、この志向性が高く出ます。

一方で、変化がゆるやかな伝統的な組織にはなじみません。これまでの慣習を否定する傾向があります。革新性が極端に高い人は「とにかく変えたい」という感情が目的化して、リスクも考えずに暴走してしまうことも。変えた結果、どうなってしまうのかも洞察しましょう。

低い場合の特徴

- 慣習を大事にする
- 歴史や伝統が好き
- 現状維持したいと思う
- 同じものをずっと大事にする
- 変化を嫌う

革新性の低い人は「安定」を好みます。古くからあるものを尊敬しており、歴史や伝統を大切にします。これまでの慣習などをそのまま続けていくべきだと考えます。

一方で、変化が激しい環境は居心地が悪く感じます。変化には抵抗する場合もあります。変えるべきものと変えてはいけないものを見極めましょう。革新性が極端に低い人は、時代や状況の変化に対応できなかったり、自分を変えることを過剰に恐れてしまったりします。世の中は常に変化しています。そのままでいることがリスクになるかもしれないことも心得ておきましょう。

自己診断チェック

Q.2

- □ 買い物中、決めるのが早い
- □ なかなか結論が出ない会議はイライラする
- □ 行列に並ぶのは嫌だ
- □ 迷わずに決めて、すぐに行動するほうだ
- □ よく考えずに決めて、後悔することもある

ワークスタイル系パーソナリティ 2

決断性

物事を決める場面において
躊躇せずに決めることができる特性

高い場合の特徴

- 迷わない、捨てることをいとわず、決める
- 一度決めたら迷わず実行する
- 何か決断する際にそのリスクを想定し、責任を負う覚悟がある
- 全体を把握せずに決断してしまうことがある
- 一貫性、俯瞰性に欠ける傾向がある

決断性が高い人は「捨てられる人」です。決めるとは、ほかの選択肢を捨てる力ともいえます。スピード感があり、すぐ決めて動きたいタイプです。ほしいものが見つかったら、その場で買います。リーダーの役割は、重要な決断を下し、次の行動を指示することです。とくに、役職が高くなるほど決断力が求められます。

一方で、せっかちな傾向があり、選択肢の検証が甘く、間違った選択をすることもあります。根拠ある決断を下すことも重要です。迷ったまま先延ばしにすることも良くありませんが、物事を俯瞰的にとらえて、リスクを踏まえ、複数の選択肢を検証する慎重さも身につけましょう。

低い場合の特徴

- いろいろなものを考慮してから決めたい
- 慎重派
- 最良の選択をしようとして、ほかのものと並べ、比べたりする
- 決めるまでに時間がかかる
- 迷う、捨てられない

低い人は、最良の選択をしようと、ほかの選択肢と比較して、決めるまでに時間がかかります。慎重派です。よく調べ、情報を集め、じっくりと検討することは、重要な意思決定の場面では求められます。

ただ、間違った決断をしたくないからと、決めるスピードが遅くなり、迷った末にタイミングを逃してしまうことがあります。決断性が極端に低い人は優柔不断と思われ、評価が低くなってしまいます。慎重になりすぎると、失敗は少ないかもしれませんが、成功も少ないかもしれません。間違ったら潔くあきらめて、次の決断をすることも大切です。

自己診断チェック

Q.3

- □ 引き受けたことは、最後までやり抜かないと気が済まない
- □ 期待してくれた人を決して裏切らない
- □ 会社や学校のルールは絶対に守る
- □ 約束の時間は必ず守る
- □ 彼氏・彼女に尽くすタイプだ

ワークスタイル系パーソナリティ 3

行動の規律性（責任感）

ルールや規律を守って、周囲の期待に応えようと、使命を果たそうとする特性

高い場合の特徴

・規律を真摯にとらえ遵守しようとする
・規則や期限は必ず守る
・決めたことは曲げない
・特定の誰かから依頼されたことの責任を果たそうとする
・ルールに縛られ、現実からズレる

決められた規則やルール、期限や約束を真摯に守って行動できる人です。模範的な振る舞いをします。遅刻をしない、納期を守るといった「ルールの遵守」はビジネスで信頼を得るために、とても大切なことです。どんなに成果を出していても、ルーズな人は評価が低くなります。

ただし、全方位ではなく、認識しているルールは守るのに、気にしない分野ではまったく守らない、ということも。極端に高い人はルールやマニュアルに縛られ、「融通が利かない」といわれてしまうこともあります。肩の力を抜いて、ＴＰＯに合った柔軟な発想も心がけましょう。

低い場合の特徴

・ルールにとらわれない自由な立場を好む
・マイペースである
・期待に縛られない
・ルールを破っても気にならない
・周囲から信用されにくい

低い人は、自由な行動を好みます。ルールやマニュアルよりも、自分が正しいと思ったことをする強さを持っています。ルールや他者からの期待に縛られない、自由な振る舞いは、マイペースともいえるでしょう。

しかし、遅刻をしない、納期を守るといった、世の中の基本的なルールを守れない人は、周囲から信頼されにくく、どんな会社でもシビアな評価が下されます。極端に低い人は、周囲の迷惑を考えず、身勝手な行動をとりがちで「困った人」になりやすい傾向があります。自由な行動ができる「強み」を活かしつつ、規律性の低い「弱み」を自覚し、周囲から信頼を得る行動を心がけましょう。

自己診断チェック

Q.4

- □ 自分はポジティブな性格だ
- □ まずはやってみないとわからない
- □ 自ら動いて（早すぎて）失敗したことがある
- □ 人に確認せずに自分で動いてしまうことがある
- □ 営業が向いているといわれる

ワークスタイル系パーソナリティ 4

自発性（積極性）

自分の意思と発意によって、
課題に対して前向きに関わろうとする姿勢

高い場合の特徴

・自発的で失敗を恐れず行動する
・常に物事を前向きにとらえる
・新しいアイデアや考え方を取り入れることに抵抗がない
・誰かのアイデアを否定せず、一緒に発展させようとする
・先のことを考えずに暴走してしまう

「積極性」は、一般的にはポジティブにとらえられます。「自分で考えて動く」という主体性といわれる要素の１つで、自発的に、失敗を恐れずに前向きに行動します。どんな職種においても、ある程度の自発性の高さは必要とされています。人事評価でも重要なポイントの１つです。

ただ、行きすぎると、自分の考えだけであと先のことを考えずに暴走してしまい、落とし穴にはまるリスクもあります。振り返ったら誰もいなかった、ということも。上司や周囲にも気を配り、コンセンサスをとって、ひとりよがりな行動にならないようにしましょう。

低い場合の特徴

・指示にもとづき安全な行動をとる
・周囲の人とのコンセンサスをとるよう意識する
・安心・安定志向型（安全・安心を望む）
・自ら発信しない
・人からいわれないと動かない

低い人は、上司や周囲の人々の指示にもとづいて安全な行動をとります。安心・安定志向でリスクはとらないので危険は少ないです。自分勝手な行動をとって、チームワークを乱すようなこともありません。オペレーティブ（定型的）な仕事に向いているかもしれません。

ただし、人からいわれないと動かず、指示を待っているだけでは、評価は上がりません。マニュアルだけでは対処できない場面や、自分の考えで判断し行動しなくてはならない場面での対応は、人事評価の重要なポイントです。また、石橋を叩いても渡らないこともあるため、チャンスも少なくなるので、時には勇気を持って踏み出してみましょう。

自己診断チェック

Q.5

- □ 環境が変わってもすぐに慣れる
- □ 周囲に合せるのは得意なほうだ
- □ 新しい仲間にすぐに溶け込める
- □ 相手に合わせて自分を変化させられる
- □ 急な異動や転勤、また転職してもすぐ適応できる

ワークスタイル系パーソナリティ 5

適応性

環境に合わせて自らを変化させる姿勢

高い場合の特徴

- 状況に合わせて行動する
- 自身の置かれる状況を理解し、合わせて行動できる
- 場の雰囲気を壊さない
- 相手のスタイルや考えを受け入れられる
- 流されやすい

適応性の高い人は、周囲の状況や環境に合わせて、カメレオンのように自らを変化させて行動できます。異動や転職にも、うまく対応できます。その環境が何を大事にしているか、どう振る舞うべきなのかを理解して行動するので、周囲の人とも早く打ち解けられるでしょう。

一方で、「流されやすい」ともいえ、自分が何を大切にしているのか、曲げるべきでないところはどこかなどは、しっかりと把握しておくことが必要です。あなたがそこにいる意味は「適応すること」だけではないかもしれず、自らの意志で判断していかなければならないときを見極めましょう。

低い場合の特徴

- 自己のスタイルを貫き通す
- 流されにくい
- 環境が変わっても自分を変えない
- 周囲の空気が読めない
- 場の雰囲気を壊す

低い人は自分のスタイルを持っていて、あまり周りに迎合しないので、環境が変わっても自分を変えません。自らの価値観、信念を持って行動します。周囲の環境を変える力があるかもしれません。それが求められているのならば、突き進んでください。

ただし、ビジネスでは状況や場に合わせて対応することも求められます。異動や転職をしたときに、その組織に順応しないと、どんなに優秀でも評価されません。実際に、転職したばかりのときに「前の会社では」という言葉は禁句です。また、空気の読めない言動で周囲の人々を不快にさせてしまうことも。周囲の人々への配慮は、常に忘れずに。

自己診断チェック

Q.6

- □ 赤信号でも車が来ていなかったら渡る
- □ 物事を進めるうえで、ルールや規則を少しくらい逸脱しても構わない
- □ ルールや約束ごとは守れないときもある、と割り切れる
- □ 相手に恋人がいても、構わずアプローチする
- □ 「臨機応変」だとよくいわれる

ワークスタイル系パーソナリティ 6

思考の柔軟性（柔軟性）

直面する状況や相手に対して融通を利かせながら受け止め、対応していく姿勢

高い場合の特徴

- ・状況や相手に合わせて融通が利く対応をする
- ・環境や相手の変化を受け入れられる
- ・自身の経験や考え方にあまりこだわらない
- ・物事を進めるうえでの推進力がある
- ・ルールや規則を逸脱しても構わない

柔軟性が高い人は、環境の変化や相手の要望の変化に対して、適切に対応できます。こだわりが少なく、多くのものを受け入れます。新しい情報、異なる考え方や価値観などを理解し、取り入れます。新しい世界に飛び込むことを、いといません。その点は、高く評価されることも多いです。

一方で、自分の確固たる信念がない、ということにもなりかねないので、自分をしっかり持つことも大切です。また、ルールを軽視しがちです。「良い加減」ならいいですが、「いいかげん（テキトー）」だと信頼を失います。柔軟性の高さと、信念の強さを併せ持つのが理想です。

低い場合の特徴

- ・ルールに従って正確に行動する
- ・ルールや約束事をきっちり守れる
- ・真面目に物事に取り組む
- ・融通が利かない
- ・急な対応に弱い

低い人は、揺るぎない信念を持っている人です。確固たる意志を持ち、周囲の反対や批判があっても簡単に曲げません。とくに経営者や経営幹部など組織の上に立つ者にとって、信念は大事です。進むべき道を決断したら、それを貫く強さと、責任をとる覚悟も求められます。

ただし、「自分の信念の背景にあるものは何か？」ということを意識して、自分が正しいと思っていることの客観的な事実を積み上げ、考えの根拠を見出すことも大切です。また、周囲の人々の声に耳を傾けることも、忘れてはいけません。極端に低い人は、他者の意見を受け入れるようにして、自分の行動を変化させることで、評価を高めていくことができます。

自己診断チェック

Q.7

- □ 思いつきをすぐに言葉にしたり、行動したりする
- □ 急な依頼にも、なんとか解決できるよう、すぐに対応する
- □ 急な来客などにも柔軟に対応できる
- □ デート中のハプニングにもあわてず適切に対処できる
- □ 場面に応じて対応を変えることが多い

ワークスタイル系パーソナリティ7

機敏・機転

状況の変化や不測の事態に、
敏速に対応し働きかける姿勢

高い場合の特徴

・不測の事態にも速やかに対応できる
・スピード感のある行動ができる
・アドリブで難しい局面を切り抜けることができる
・状況に対応するために新たなアイデアを出せる
・場当たり的な言動が多く、周囲を混乱させることがある

瞬間的な対応力があり、とっさに機転が利く人です。不測の事態が起こったり、想定外の出来事があったりしても臨機応変に対応できます。どんな職種でも高く評価されるでしょう。

しかし、リーダー的な立場にいる人は注意が必要です。社長や上司のこれが高いと、周囲の人や部下は大変かもしれません。一貫性がなく、その場その場で判断を変えるので、「さっきと、いっていることが違う……」というのが日常茶飯事。臨機応変も度がすぎると混乱を引き起こすので、まず自分の言動によって与える影響を想定しましょう。

低い場合の特徴

・変化に惑わされない
・考えてから行動する
・マイペースで悠長に見える
・言動に一貫性があるが、融通が利かないことがある
・変化があっても対応を変えない

低い人は、周囲の動きや状況の目先の変化に惑わされません。ささいなことで、心が乱されません。あわてて行動せずに事にあたるので、「落ち着いている」という印象を周囲に与えます。

しかし、ビジネスでは迅速な対応が求められる場面が多々あります。極端に低い人は、「悠長」や「のんき」に映り、人によっては「じれったい」と思われることも。マイペースも、行きすぎて組織のスピード感からずれてしまっていると、「困った人」というシビアな評価が下されます。日頃から状況の変化に目を配るようにしたうえで、素早い対応を心がけましょう。

自己診断チェック

Q.8

- □ 電車に乗る前に、必ず路線検索をする
- □ 夏休みの宿題のための計画はきっちり立てていた
- □ しっかりしたデートプランを必ず立てる
- □ 付き合う前に、将来について話したいと思う
- □ 何かを始めるとき、計画がないと不安になる

ワークスタイル系パーソナリティ 8

計画性

将来のことを考えて
段取りをつけていこうとする姿勢

高い場合の特徴

- 計画を立てて物事に取り組もうとする
- 何事も段取りをつけたい
- 細かな工程を明確にする
- きちんと計画を立てないと気が済まない
- 先の見通しが不明確だと実行するのに抵抗がある

計画性の高い人は、計画を立てるのが得意、好き。旅行に行くときも、「ここで何時何分までご飯を食べて、次に電車に乗って〜」などと、細かく計画するようなタイプです。段取りよく物事を進めます。あらかじめ「計画を立てる」「段取りを組む」ということは、ビジネスでも大切です。計画の立案は、課長クラス以上の人事評価でも重要な項目です。

ただし、高すぎる人は、計画から少しでも狂いが生じると過剰に神経を尖らせたり、パニックに陥ったりする傾向があります。「強み」を活かしつつ、想定外の事態にも落ち着いて対応できるよう、アドリブや柔軟な対応を適切に使い分けたいものです。

低い場合の特徴

- 先の見通しが不確定でも気にならない
- あらかじめ計画を立てるのが嫌い
- 計画通りに物事は進まないと思っている
- アドリブ派で、出たとこ勝負になる
- 行先を決めずに旅に出る

低い人は、先の見通しが不確定でも気にならず、アドリブが利きます。物事が計画的に進まなくても、臨機応変に対応できます。

一方で、あまり考えないで行動してしまうタイプで、計画を立てるのが嫌い、苦手だとも。マネージャーの立場であれば、部下に対してチームの計画を示さなければなりません。これが低いと、スケジュール管理が不得意で、場当たり的に物事を進める傾向が強く、周囲の人々にストレスを与えてしまうこともあります。旅行の計画も、ある程度立てておかないと、行きたいところに行けなかった、なんてことになりかねません。

自己診断チェック

Q.9

- □ 大胆なことをするよりも、確実な手段をとりがち
- □ 計画通りに、事を手堅く進めたいと思う
- □ 物事を進めるときは、必ず進捗を確認して進める
- □ 「授かり婚」なんて考えられない
- □ 段取り通りに進んでいるかを常に確認する

ワークスタイル系パーソナリティ9

堅実性

**枠を踏み外さず、
決められた手順を守ろうとする姿勢**

高い場合の特徴

- 事にあたるときは落ち着いて手堅く進める
- すでに存在する習慣や順序を守って行動する
- 決められたことを決められた通りに進める
- 大胆なこと、変化を嫌う
- 変則的なことが苦手

堅実性が高い人は、決められた手順通りに、物事を進められます。計画に沿って、手堅く進めていくので周囲からも信頼されるでしょう。その「強み」を伸ばしていくことは、評価を高める確実な方法になります。

一方、手順が明らかでない仕事は、好きではないかもしれません。従来の枠から外れるやり方や、リスクを伴う大きな変化を嫌う傾向があります。計画通りに物事が進まないのは世の常ですから、不測の事態には臨機応変に対応しなければなりません。「やったことがないから」といって避けるのではなく、チャレンジもしてみましょう。

低い場合の特徴

- 自分の考えで個性的に物事を進められる
- 何とかなると思っている
- 勢いがある
- 多少のズレは気にならない
- 安定感に欠け、成果に結びつかないことがある

低い人は、独創的に物事を進められる人です。決められた手順を守ることを嫌い、自分なりに工夫した個性的な方法を好むともいえます。予定通りでなくても騒ぎ立てることなく、「なんとかなるさ」と思っています。「だいたい合っていれば、いい」というアバウトな感覚を持っています。「取り返しのつかないこと」でなければ、問題はないでしょう。

一方で、成果の安定性に欠け、ミスやトラブルを起こしやすい傾向があります。とくにマネージャーの立場ならば、自らのことはもちろんですが、メンバーの大事なチェックポイントはしっかりと確認することで評価にもつながります。「弱み」を自覚した対応を心がけましょう。

自己診断チェック

Q.10

- □ 間違い探しが得意
- □ ケアレスミスは少ないほうだ
- □ テストや試験では必ず見直しをする
- □ 少しの差異でも気になる
- □ 恋人との連絡はマメにする

ワークスタイル系パーソナリティ 10

緻密性

細かいこともおろそかにせず、
注意を払って正しく行おうとする姿勢

高い場合の特徴

・細かいところに目が届き、チェックを怠らない
・こまめに確認する
・チェックが好き、得意
・スピード感よりも確実性が大事
・全体を俯瞰的に見れず、細部にこだわりすぎる

緻密性が高い人は、細かいところまで注意が行き届き、１つひとつのチェック・確認を怠りません。見直しにも余念がないので、成果物やメールなどの誤字脱字等のミスを防げます。細かなことも苦になりません。忘れ物もありません。整理整頓が好きです。これはビジネスでの基本中の基本でもありますが、マネジメント上も大切なことです。

ただし、高すぎる人は全体を俯瞰的に見れず、細部にこだわりすぎる傾向があります。あまりにも細かすぎると周囲の人にストレスを与えます。整然としていないと機嫌が悪くなるかもしれませんが、世の中には必ずしも自分と同じタイプばかりでないことを心得ておきましょう。

低い場合の特徴

・細かいことにとらわれずに、物事を進める
・めんどくさがり屋
・チェックが苦手、嫌い
・ケアレスミスを起こしやすい
・忘れ物が多い

低い人は、細かなことを気にしないおおらかさを持っています。細部にこだわりすぎず、俯瞰的に物事をとらえられ、大胆な方法で仕事を進める人も多いです。

ただし、その一方でケアレスミスを起こしやすく、極端に低い人は、致命的なミスを起こす危険性があります。ちょっとしたミスから、大きな事故や甚大なダメージを与えるケースもあります。「弱み」を自覚して、何事も入念に確認して、ミスを防ぐような仕組みをつくっておきましょう。

自己診断チェック

Q.11

- □ 会議や打ち合わせで率先して発言している
- □ 自分の意見はしっかりと伝えたい
- □ 思いついたら言葉にしてしまう
- □ いわれたら、言い返すことが多い
- □ 嫌なことは嫌といえる

コミュニケーション系パーソナリティ1

自己主張

自分の意見を強く表明、
発言しようとする姿勢

高い場合の特徴

- 自身の発言や考えに自信がある
- 自己主張できる
- 自分の意見を譲らないことがある
- 他者の意見や考えを軽んじる
- 他者の意見や考えを受け入れないことがある

高い人は、自分の意見に自信を持ち、それを強く表明できる人です。意見をはっきりいう、発言が多いタイプです。評価と関連するリーダーシップの1つの要素で、職位が上がるほど重視されます。

一方で、自分の意見を通そうとしすぎたり、他者の意見や考えを軽んじる傾向があります。相手の話をよく聞き、理解を示し、信頼を得ていく「傾聴力」も評価で大事なポイントです。相づち、うなずき、言い換え、要約などを会話に挟み、相手を理解していることを言葉や態度で示しましょう。

低い場合の特徴

- 他者を尊重した態度がとれる
- 自分の意見や考えをいわない
- 周囲に合わせ、振り回されやすい
- 意見を言わないため、周囲からわかりにくいといわれる
- 周囲に流されやすい

低い人は、他者を尊重した態度がとれます。相手の話をしっかり聞いて理解しようとする姿勢は、課長クラス以上になると、とくに必要とされ、評価の重要なポイントです。

ただし、自分の考えをあまりいわず、意見を出すことも控えることが多いです。控えめ、謙虚な人だと見られることもありますが、時によくわからない人と思われるかもしれません。会議の場面などで意見を述べないと、「そこにいる意味」があるのか問われます。また、周囲の意見を通されて、不利になることもあり得ます。極端に低い人は、「主体的な行動」がとれないと判断されかねませんので、意識して自分の意見を発信するよう心がけましょう。

自己診断チェック

Q.12

- □「朝は絶対に和食」などのマイルールがある
- □絶対に譲らない自分の信念がある
- □「頑固」と周囲によくいわれる
- □一度決めたら、それを貫くべきだと思っている
- □こだわり出すと止まらない

コミュニケーション系パーソナリティ 2

思い込み・頑固

信念を貫こうとする傾向

高い場合の特徴

・ある考えや思考を大事にする
・信念があり、その部分は譲らない
・環境の変化にとらわれず、物事を推し進めることができる
・自分の考えに固執しすぎる
・相手に合わせず、自分の考えで行動する

高い人は、こだわりや強い信念を持っています。自分が信じる確固たる意志を持ち、周囲の反対や批判があっても動じません。経営者や経営幹部など、組織を導く立場の人には、不可欠なパーソナリティです。

しかし、これは「へそ曲がり度」ともいえます。執着心が高い人、頑固者は、周囲の声を受け入れられない危険性も。譲るべきところは譲ることも必要です。頑固さは、年齢とともに高くなっていきますが、若い人で高いのは要注意です。吸収して成長する機会を失うこともあるからです。頑固さと柔軟さは、バランスが大切です。

低い場合の特徴

・周囲の意見を受け入れることができる
・周囲に合わせ、合意に従う
・安易に相手に合わせやすい
・こだわりがない
・とくにこれといった信念がない

低い人は、周囲にうまく合わせられます。自分のこだわりはあまりないようです。謙虚で周囲の人々から多くのことを学ぼうとする姿勢は、評価が高くなるでしょう。

ただし、あまりにも周りに合わせようとしすぎると、「八方美人」と見られて、かえって信頼を失うこともあります。また、職位が上がり、管理職以上のポジションになると、信念を持った行動も求められます。

自分が大事だと思うものを見つけて、そこにはこだわっていく、という姿勢も必要です。極端に高い、低い人は、信念を持つことと、自分の考えに固執しすぎない謙虚な姿勢のバランスを意識しましょう。

自己診断チェック

Q.13

- □ わからないことは、人に聞くことにしている
- □ 「ごめんなさい」や「ありがとう」を心からいえる
- □ 人からの注意やアドバイスは素直に取り入れる
- □ 自分は謙虚だと思う
- □ どんな人からも学ぶことができると思う

コミュニケーション系パーソナリティ 3

素直

他者からいわれたこと、
指摘されたことを謙虚に受け入れる傾向

高い場合の特徴

- 他者からいわれたことを受け入れる
- 指摘を受けたら直すための行動をとることができる
- 新しい価値観や視点を自分に取り入れることができる
- 必要なら自分を変えられる
- 他者の意見に振り回される

高い人は、他者からいわれたことをすんなりと受け入れられます。これは、教えを素直に請うことができるかどうかに関わります。人の意見、声に耳を傾け、自身に取り入れ、あるいは自身の考えや行動をそれによって変えていく姿勢は、とても大切なことです。実際に、多くの人からのアドバイスを、反発せずにいったん受け入れ、自分の考えや行動に取り入れることができる人は評価されやすいでしょう。

しかし、何でも「はいはい」と聞けばいいというものではありません。いろいろな人の考えに触れながら、「自分としての正しさは何か」を見つけていくことも必要です。

低い場合の特徴

- 他者に惑わされずに行動できる
- 他者からいわれたことに反発する
- 自分の考えに偏りがち
- 人を疑う
- 新しいものや考えを受け入れない

あなたがリーダー的な立場の人であれば、人の意見にいちいち右往左往してはいられません。違うと思うことは違うと伝え、道筋をしっかり示していくことが求められます。そのとき、あまりの素直さは邪魔になりますから、それでいいと思います。しかし、常に「本当にそれでいいのか？」を問い続けてください。時には人の意見に耳を傾け、自身を振り返ることが必要です。とりわけ若い人は、もっと素直になることを心がけてほしいと思います。これも若いうちに低いのは良くなく、アドバイスを受け入れて、自分の成長の糧にしたいものです。

自己診断チェック

Q.14

- □ 交友関係を広げるため、積極的に交流会などに参加している
- □ 誘われた飲み会は、必ず参加する
- □ 「おひとり様」は苦手だ
- □ どこかに行くときには、必ず誰かと行きたい
- □ ランチは必ず誰かを誘う

コミュニケーション系パーソナリティ4

友好性

人と一緒にいようとしたり、群れようとしたりする傾向

高い場合の特徴

・誰とでも仲良くなれる、なろうとする
・組織やチームで何かを目指すことが好き
・誰かと一緒にいたい
・疎外感を感じやすい、必要以上にグループをつくりたがる
・1人で行動することに不安を覚える

高い人は、自ら進んで周囲の人たちと親しい関係を築こうとします。「グループをつくりたがる」「人と一緒にいたい」というのは性差があるようで、女性のほうが高めに出る傾向があります。高いほうがチームプレーには向きます。人事評価でも「チームワーク」は重要なポイントです。

一方で、1人になることを極端に恐れる、常に誰かといなければ不安になるという点では、主体性がないともいえます。グループ外の人を排除したり、自分が属する派閥に執着しようとしたりする傾向もあります。人と一緒にいることを優先するあまり、自分をないがしろにしてしまうこともあるかもしれません。時には、1人で行動することも必要です。

低い場合の特徴

・マイペース
・他人に振り回されない
・1人でも不安にならない
・交友を広げにくい
・人の集まりが苦手

低い人は、1人でいるのが苦になりません。多くの人と群れることを好まず、ごく限られた人とだけ親交を深めます。一匹狼的で、周囲を気にすることもあまりありません。これは、年齢が上がるにつれて低くなるという傾向もあります。

ただし、メンバーと協調することや、人的ネットワークの構築はビジネスで大事な行動の1つです。社会・組織は1人では生きていけません。とくにビジネスにおいては、人の輪に積極的に入っていくようにしましょう。プライベートでも、心通う友人は大切にしてください。

自己診断チェック

Q.15

- □ ネットの口コミは重要だと思う
- □ 買い物するときは、店員によく声をかける
- □ 何かを決めるときには、まずは相談してからにしたい
- □ 結婚する前に、必ず周囲の意見を聞きたい
- □ 何かを1人が決めてしまうのは、いいことではないと思う

コミュニケーション系パーソナリティ5

相談度

人と話し合って物事を決めようとする姿勢

高い場合の特徴

- 組織やチームで考え、議論することを大切にする
- 周囲に相談してから決める
- 自身が壁に当たったときに人に相談する
- 自分だけの考えで決められない
- 判断が遅くなる

高い人は、何かを決めるときは周囲の人々と話し合います。自分勝手に結論を出したりはしません。何事も相談して決めようと合議を大切にする民主的な人ともいえます。チームワークを大切にするという点は、高く評価されるでしょう。

逆にいえば、自分だけで決められないともいえます。とくにリーダー的な立場にいれば、自らで決めなければならない場面も多く訪れます。相談することも大事ですが、自分の考えを持って、決めるべきときには毅然と判断していきましょう。

低い場合の特徴

- 自分の考えのみで決められる
- 人に相談するよりも、まずはやってみる
- 自分の考えを優先させる
- 相談ばかりでは時間のムダで、誰かが決めてしまったほうが早い
- 人と相談しないで勝手に決める

低い人は、自分の考えだけで物事を決められます。2つのタイプが考えられ、1つは「相談するなんて時間のムダ」と思っていて、スピード感があるか、せっかちか、無関心かのいずれかです。もう1つは「他者とのコミュニケーションが苦手」と感じているタイプです。

どちらにしても、極端に偏っている人は、バランスを意識したほうがいいでしょう。とくにリーダーで、決断性が高く、相談度が極端に低い人は、独裁者になりがちです。勝手に独断で決めてしまう人は、周囲の反発を招き、評価も低くなります。人の意見も受け入れ、周囲と協調していくことも意識しましょう。

自己診断チェック

Q.16

- □ チームプレーが好き
- □ 困っている人を見ると、放っておけない
- □ 周囲に軋轢があるのは良くない。うまくやっていきたい
- □ 「みんな仲良く」が大切だ
- □ 丸く収まるのならば、何もいわないほうがいい

コミュニケーション系パーソナリティ 6

協調性

周囲の「和」を大切にする傾向

高い場合の特徴

- 和を大事にする
- 周囲との関係を第一に考えて行動する
- 軋轢を避けようとする
- 相手に合わせて行動することが多い
- 他人を優先し自分の仕事が疎かになる

高い人は、周囲との関係を第一に考えて行動します。人と人が険悪なムードになることが嫌いで、軋轢を避けようとします。「和」を大切にするという姿勢は、組織やチームで仕事をするうえで評価が高いです。ただし、経営者やリーダーのなかには協調性が低い人も少なくなく、職位が高くなるにつれて、協調性が下がる傾向も見られます。

自分より他者を優先しすぎると、自分の本来やるべきことがあと回しになってしまうこともあるでしょう。「協調性」の反対は「主体性」で、自ら考えて動くことも必要です。

低い場合の特徴

- 推進力がある
- 自分の課題を中心に考えて行動する
- 他者を気にせず進むことができる
- チームワークが苦手で浮いてしまう
- 和を乱すことがある

低い人は、自分の課題を中心に考えて行動します。自分のやるべきことを第一に考えているので、周囲との軋轢もあまり気にしません。自分の課題を第一に考える態度自体は悪いことではありませんが、「協調性」がなく、チームワークが苦手だと、評価が低くなりやすいです。

「協調性」があまりにもないと浮いてしまいます。または疎まれてしまいます。周囲に協力せず、他者を助けない。他人の意見を受け入れない。わがまま。これらの行動は評価を下げるＮＧポイントです。日頃から意識して、周りを気にして、もし困っていそうな人がいたら、「手伝いましょうか」と声をかけましょう。

自己診断チェック

Q.17

- □ 初対面の人が多い交流会などでも物怖じしない
- □ 周囲から社交的だといわれることが多い
- □ 人前でしゃべったり、何かをすることが好きだ
- □ 年齢差を気にせず、誰とでも親しく話したり、行動をともにできる
- □ 面接などで緊張することなく、リラックスして話ができる

コミュニケーション系パーソナリティ 7

世慣れ度

**多くの人や初めての場面において、
物怖じしない傾向**

高い場合の特徴

- 初対面の人でも苦にならない、社交的
- 誰に対しても物怖じしない
- 人付き合いがうまい
- いろんな場面に柔軟に対応できる
- 出しゃばる、なれなれしい

高い人は、人見知りしません。初対面でも、パーティーなどの多くの人々の前でも、物怖じしないで積極的に話せる社交的なタイプです。採用の面接官の受けはよく、緊張しないで率直に会話ができます。目上の人ともリラックスしてコミュニケーションがとれます。

ただし、行きすぎると、「失礼だ」「なれなれしい」などと悪い印象も持たれかねないので、礼儀はしっかりとわきまえましょう。人の心にいきなり土足で踏み込むようなことはせず、その場の空気を見極めていけば「強み」になるので、ネットワークを広げて評価を高めましょう。

低い場合の特徴

- 控えめ、出しゃばらない
- 目立つのが嫌い
- 人見知りする、初対面の人と一定の距離を置く
- 人付き合いが苦手
- 緊張に弱い

低い人は、出しゃばらず、控えめで、人見知りをするタイプです。初対面の人とは一定の距離を置き、親しくなるのに時間がかかりますが、人見知りな人が必ずしもマイナスの印象を与えるわけではありません。「控えめで謙虚な人」と映ることもあります。一生懸命に話す姿は、好感を持たれやすく、信頼感を得ることにつながります。「弱み」を「強み」に変えて、評価を高めましょう。

ただし、極端に低くて、人見知りをしやすく、初対面の人と話すのが苦手という人は、あがりやすく、会話がはずまないことも少なくありません。できるだけ、自ら積極的に人と交流する機会を持つようにしましょう。

自己診断チェック

Q.18

- □ 乱れているスリッパを見たら、つい直してしまう
- □ 記念日や友人の誕生日は決して忘れない
- □ 場を盛り上げるために、いつも気をつかっている
- □ 「気が利く」とよくいわれる
- □ 周囲の人が喜ぶのが何より好き

配慮・サービス性

周囲に気を配り、相手が求めることや、喜んでくれることを行おうとする姿勢

高い場合の特徴

・周囲の期待に関心が高く、それに応える
・相手や周囲を喜ばせることが好き
・相手の好みなどを把握し、期待以上のサービスを提供しようとする
・サプライズなどが好き
・相手の要望に振り回される

高い人は、気配りや配慮のできる人です。周囲の期待に応えようと行動します。人の気持ちに気づき、タイミングよく声をかけてあげることもできるでしょう。サービス精神も旺盛です。組織やチームで働くうえで、場の雰囲気を察して適切な言動がとれると、評価も高くなります。

ただ、行きすぎると、ストレスをためこんでしまいがちです。全方位で気配りをするので、いわゆる「いい人」になってしまう可能性があるからです。周囲の期待に振り回され、そのために自分がつぶれてしまうリスクもあります。自分のストレスの兆候を理解して上手に付き合いましょう。

低い場合の特徴

・相手の要望に惑わされないで行動する
・自分の考えや目的に直進できる
・何よりも成果が大事
・周りのことは、自分には関係ないと思っている
・周囲への気配りや配慮に欠ける

低い人は、他者の要望に惑わされず、意見に安易に同調しない、ブレない自分を持っています。周囲の動向に左右されない、確固たる自分を持っていることは、ビジネスでも「強み」になるでしょう。客観的に状況を見ながら、情に流されないということも大事な場面があります。

ただし、周囲の期待に無関心となると問題です。自分には関係がないからと、気配りや配慮に欠けると、トラブルの原因にもなりかねません。周囲から求められる自分の立ち位置を把握しておかないと、人間関係の距離が遠くなり、物事がうまく運ばないなどという状況も出てくるかもしれません。社会も仕事も、自分ひとりで成り立つものではありません。

自己診断チェック

Q.19

- □ 気になるお店があると、つい入ってしまう
- □ セミナーや講演をよく聞きに行く
- □ やってみたいことや習いたいと思うことは、ためらわずに行う
- □ 目立つことが好き
- □ 町中《まちなか》で知り合いに会うと、すぐに声をかけるほうだ

コミュニケーション系パーソナリティ 9

外向性

**より多くの人や情報、物事に接したり
交わろうとしたりする姿勢**

高い場合の特徴

・新しい何かに触れること、関わることが好き
・さまざまな人や物事に関わろうとする
・何事も積極的に関わりたい
・新聞や雑誌、世の中のトレンドを追いかける
・関心事が散漫で、一点集中がしにくい

高い人は、遠くから知っている人が来ると自ら大声で声をかける、目立ちたがり屋なタイプといえます。世の中のさまざまな物事に興味や関心を持ち、積極的に関わろうとして、社交的で高い評価を得られやすいでしょう。

ただ、高すぎる人は、1つの物事に集中できず、関心事が移り変わりやすく散漫になりがちです。1つひとつが乱雑にならないように。また、広く浅い人間関係になりやすく、深い関係性を築きにくい傾向が見られます。また、相手によっては立ち入ってほしくない話題もあり、そういった機微に気を配れるようになると、大人な振る舞いができます。

低い場合の特徴

・新しいことよりも、1つのことを深く掘り下げたい
・関心が散漫にならず、人付き合いも慎重
・人付き合いや関心領域が限定的
・内向的なタイプ
・関係ないことには極力関わりたくない

低い人は、遠くから知っている人が来ると、「面倒だから気づかないでほしいなあ」と思うような、できるだけ目立たないでいたいタイプといえます。一方で、1つの物事を徹底的に追求します。人付き合いには慎重な面がありますが、特定の人たちとは深い関係を築けます。専門の領域で成果を出すことが求められる職業においては、外向性が低い人が活躍し、評価されることも少なくありません。

ただ、自分の領域をあまり出ず、ごく少数の親しい人とだけ付き合っているほうが楽なのかもしれませんが、新しい経験をし、新しい人と関わり、世界を広げていこうとすることも大切です。

自己診断チェック

Q.20

- □ 学級委員や生徒会長、クラブの部長などをしていた
- □ より責任のある仕事がしたい
- □ 鍋奉行である
- □ リーダータイプだと周りからいわれる
- □ 人に指示をしたり、その場を仕切るのが好き

支配性

相手の意見や行動を自らの考えに沿って変えて、引っ張っていこうとする傾向

高い場合の特徴

・人に影響を与え動かすことができる
・リーダーシップがある
・自分と違う意見の相手を説得したい
・自分の思い通りに物事を進めようとする傾向がある
・自分に異を唱える人を排除することがある

高い人は、集団の先頭に立ちたい、人に影響を与えたいという、リーダータイプです。「責任をとりたがる傾向」があり、頼りになります。場を自分の思うように持っていこうと考えています。多くの人々を引っ張り、影響を与え、成果を出すと、当然評価も高くなります。

ただし、行きすぎると、自分中心になり、自分に異を唱える人を排除しようとします。また、強引なリーダーシップは、疎まれ孤立することがあります。すべてを自分で仕切ろうとせず、人に譲ることも大切です。

低い場合の特徴

・自分と異なる意見でも受け入れ、従える
・集団のなかにいるほうが好き
・自分の意見よりも相手を重んじる
・責任のある立場を避けようとする
・受動的で指示がないと動かない

低い人は、他者との協力関係を築くのが上手なパートナーシップを持っています。自分と異なる考えも受け入れる寛容さがあり、高い評価を得られやすいでしょう。異なる意見も柔軟に受け入れられることで、周囲に安心感を与え、好感度も高くなり、それは評価にもつながっていきます。

ただし、先頭に立ちたがらず、集団のなかにいることを好みます。人に指示を出し、メンバーを引っ張っていく、責任を取る立場になると、ある程度の支配性の高さは必要です。そのようなリーダーシップをとらなければならないときには、毅然とした態度をとることも必要です。

自己診断チェック

Q.21

- □ 人がいっていることの矛盾によく気がつく
- □ 一度の営業では商品を買わない
- □ 相手のいうことをそのまま信じない
- □ いい話には、必ず裏があると思う
- □ 人を信じてはいけないと思う

エモーション系パーソナリティ１

批判性

人や物事に対して、
批判的に評価しようとする傾向

高い場合の特徴

・矛盾に気づく、間違いを見つけようとする
・曖昧な情報は信じない
・自分の目で見た情報しか信じようとしない
・相手の間違いを見つけようとする
・相手のいっていることの裏付けを確認しないと気が済まない

高い人は、人や物事の誤った箇所や矛盾に気づき、根拠を示しながら論理的に指摘できます。他者のいうことをそのまま鵜呑みにせず、自分の目で事実を確かめようとします。問題を見つけて、業務を改善していくという点で高い評価を得られるでしょう。

ただし、極端に高い人は、物事をネガティブにとらえてしまう傾向があり、人を褒めたり、認めたり、信用することが苦手です。また、曖昧な情報を信じないというのは、「だまされないぞ」と防衛的に身構えている意識が常にあるからでしょう。批判ばかりでは前に進めません。信じることも大切です。

低い場合の特徴

・曖昧な情報でも受け入れられる
・「良い商品だ」といわれたら、ついつい買ってしまう
・すぐに人を信じてしまう
・信じたら疑わない
・情報を見極められず鵜呑みにしがち

低い人は、人は信じるに値するものと考え、他者の発言や物事を素直に信じます。他者の発言を批判せず、人の悪口をいわないことは、好感度が高く、評価もプラスに働きます。

ただし、「世の中は基本的に、いい人ばかり」と思っていて、人を信じやすいというのは、だまされやすい、詐欺に遭いやすいタイプともいえます。また、物事を表面的にとらえがちです。ビジネスでは、情報を見分ける力や、他者の発言を鵜呑みにせず、客観的に物事を分析するスキルも必要です。

自己診断チェック

Q.22

- □ すぐに周りのせいにせず、まずは反省する
- □ 失敗をいつまでも引きずる
- □ 「問題は自分にある」と、いつも思う
- □ 自分の弱みがわかっており、気にしている
- □ もし裏切られても、自分に悪いところがあったと思う

エモーション系パーソナリティ 2

自責性

問題が起きたときに原因を「自分に責任がある」と、とらえる姿勢

高い場合の特徴

・問題の原因を自らに問える
・割り切って考えられない
・問題があると抱え込んでしまう
・気にし出すと止まらない
・ネガティブに物事をとらえがち

高い人は、内省して自分の過ちを認められます。問題が起きたときに、原因を自らに問い、反省し、あらためようとします。人のせいにばかりしていては成長しませんから、その意味でも、評価されやすい特性です。そのような姿勢は、周囲からも認められやすいでしょう。

ただし、すべての事象を自分のせいだと考えることは、本質をとらえず、正しい判断ではありません。問題を客観的に検証し、分析し、本当の原因を探り、他者や組織に問題があった場合は、それを指摘して改善を促すことも大事なことです。

低い場合の特徴

・問題があっても割り切って前に進める
・飛び込み型営業に向いている
・自分にとってポジティブに物事をとらえる
・問題の原因を責任転嫁しやすい
・自分は悪くない、周囲・環境が原因だと思ってしまう

低い人は、くよくよと考えずに割り切れるタイプです。問題が起きても、極端に落ち込んだりせずに、あるところで折り合いをつけて、次に進めます。断られても次に行けるので、営業職に向いています。

ただし、すぐに人のせいにして、自分は悪くないと考えてばかりだと、どうでしょう？　いい印象は持たれないはずです。さらには、何か問題が起こっても、「自分はまったく悪くない」というスタンスだと、トラブルになったりするだけでなく、自分も成長しなくなってしまいます。時には、自分に何か問題はないか振り返ってみましょう。もし自分に過ちがあったときは、認められる勇気も大切です。

自己診断チェック

Q.23

- □ 相手に、自分の気持ちをそのつど伝えている
- □ 映画を観て、人前でも泣ける
- □ 自分の感情を抑えきれないときがある
- □ 周囲に喜怒哀楽がはっきりしている、といわれる
- □ 人に対して、感情的になって怒りをぶつけるときがある

エモーション系パーソナリティ 3

感情表現（衝動的）

**その時どきの感情に左右されたり、
短絡的な結論を求めてしまう傾向**

高い場合の特徴

- 感情表現が豊かである
- 表情が豊かで周囲にとって感情がわかりやすい
- 人前で泣いたり、喜んだりすることができる
- 気分によって発言が変わってしまう
- 気分にムラがあり、感情的になりがち

高い人は、喜怒哀楽の感情を明快に示します。うれしいのか、悲しいのか、つらいのか、楽しいのかの感情表現が豊かです。その時どきの感情が周囲の人々にもわかりやすく伝わります。現在の自分の状態を伝えるシグナルとして、仕事をしているなかで周囲も気づかったり、助けたりしやすいでしょう。

ただ、行きすぎて感情的になると、「キレる」「周囲の雰囲気を悪くする」ことにもなりかねず、評価も低くなります。気分屋と思われることも。とくにマイナスの感情は、意識してコントロールするようにしましょう。

低い場合の特徴

- 気分に左右されず冷静である
- 映画を観て感動しても、人前では泣かない
- 喜怒哀楽は出さない
- 無表情で感情表現に乏しい
- 何を考えているのかわかりづらい、といわれる

低い人は、感情をあまり表に出さず、いつも冷静沈着に見えます。その時どきの感情に左右されてカッとなったり、激情にかられて理性を失ったりしません。落ち着いて朗らかにいることで、周囲に安心感を与え、信頼できる人間として、評価も高くなります。

一方で、周囲から喜怒哀楽が見えにくく、「わかりにくい人」ともいえます。つらいとき、助けを求めずに我慢しすぎると、つぶれてしまいます。低い人は、会社や周囲に自分の状態を伝えるシグナルとして、意識的に自分の感情を出すくらいのほうがいいでしょう。

自己診断チェック

Q.24

- □ 勝ち負けにこだわる
- □ ライバルがいたほうが頑張れる
- □ 負けず嫌いだ、と周囲にいわれることが多い
- □ 勝つための努力を惜しまない
- □ 負けても勝つまでやりたい

エモーション系パーソナリティ4

負けず嫌い

他者との競争を常に意識し、
負けたくないと思い続ける傾向

高い場合の特徴

- 結果にこだわる
- 勝つためにさまざまなな努力をする
- 常に自身の成長を考え、行動する
- ライバルに負けたくない、負けず嫌い
- 勝つことが最優先される

高い人は、競争心が強く、ライバルがいると燃えるタイプです。エネルギーにあふれています。「負けたくない」という気持ちはとても大切です。悔しさはバネになり、それによって努力し、自分を成長させるからです。

ただし、過剰な競争心には注意が必要です。勝つためならば何をしてもいいという考えになると、人を蹴落として、ルールを破り、時に不正をするというケースも起こり得ます。大切なのは他者ではなく、「自分に負けない」ことです。

低い場合の特徴

- マイペース
- 争いごとが嫌い
- 人との勝ち負けにこだわらない
- 結果をあまり気にしない
- 要求水準が低くなりがち

低い人は、勝ち負けにこだわりません。のんびり屋さんとも。他者と競争することよりも、自分自身の成長や周囲との協調を大事にします。チームワークが優先される仕事では、過剰な競争心は人間関係のひずみを生み、マイナスの作用をおよぼすこともあるので、重要な存在です。

ただし、極端に低い人は、目標水準が低くなりがちです。自分の力をすべて出し切る前に「このへんでいいか」と自己満足してしまい努力を怠り、本来のポテンシャルを発揮できない人も少なくありません。到達点を明確にした高い目標やモデルを設定して、成果につなげていきましょう。

自己診断チェック

Q.25

□ 外食のお店を決める際は、「中華料理」→「四川料理」→「○○（店名）」と枠のなかを掘り下げていく

□ これまでやってきた範囲で行動する

□ 世間がいっていることが一般的に正しいと思う

□ これまでの考え方を大切にする

□ 「非常識」といわれたことはない

エモーション系パーソナリティ 5

フレーム指向

型にはまった考え方をしようとする傾向

高い場合の特徴

・すでにあるものを大事にする
・自分の信じてきたものや考えを大事にする
・現在の自分の領域を深めようとする
・ある一定の傾向に沿った言動をすることが多い
・発想の自由度が低く、固定観念にとらわれる

高い人は、すでにあるものを大事にします。一定の枠組みのなかで物事をとらえ、洗練させたり、改善することを重視します。経理、総務、一般事務などの社内の秩序を保つ職種、生産、製造、品質管理などの仕組みを回す職種では、高い評価を得られやすいでしょう。

ただし、発想の自由度が低く、既存の考え方にとらわれてしまう傾向があります。凝り固まった考え方のなかで埋没することも。型にはまった考え方に陥りがちな人は、自分の考えの基盤になっている「枠」が本当に正しいのか、疑ってみましょう。

低い場合の特徴

・新しいものを思いつく、アイデアを多く出す
・幅広く物事を考え、選択肢を出す
・カテゴリーを超えた発想をする
・いろんなことをしたい
・考え方の基軸が散漫になりがち

低い人は、新しい考えをよく生み出します。固定観念にとらわれず、自由な発想でアイデアを出すのが得意です。組織にも新しい風を吹かせます。企画、商品開発、マーケティングなど外へ発信する職種や、新規事業を興す、起業するという人は向いているでしょう。

一方で、あれもこれもと拡散型の発想をしがちなので、たとえばミーティングなどで思いついたままに話して、あらぬ方向へ向かわせてしまったり、議論を混乱させることも。とくに、相手が話したいことを別の話題にしてしまったりする点には気をつけてください。自分が与える影響を考え、その場の目的を忘れないようにしましょう。

自己診断チェック

Q.26

- □ 家計簿をつけている、貯金が好き
- □ 数字で物事を分析するのが好き
- □ 自分は理系っぽいと思う
- □ ロジカル（論理的）な考えや言動を心がけている
- □ 直感や感覚を信じない

エモーション系パーソナリティ 6

データ指向

データを重視して物事を理解しようとする傾向

高い場合の特徴

・データから細かく物事を理解しようとする
・企画書などで数値を利用して説明することが得意
・問題をデータで分析しないと気が済まない
・分析しないと行動できない
・直感や感覚を軽視する

高い人は、事実や数字を重視します。数字やデータ分析にもとづいて、プランを立てるタイプです。客観的な根拠のある裏付けを求めます。曖昧なことをそのままにしておけません。これはビジネス上、とても大切な特性です。とくに、経理、会計、財務など数字を扱うことが主な業務となる職種では高く評価されます。また、課長以上になると、売上、原価、経費などの数字は常に把握する必要があります。

ただ、感覚や直感も大事です。数字や事実だけでは、人の心は動かせません。自分とは異なる価値観も理解し、事実と感覚の両方に目を向けましょう。

低い場合の特徴

・データよりも直感や感覚を優先する
・感覚で物事を決める
・分析よりもまずは行動派
・数字に無頓着
・どんぶり勘

低い人は、直感や感覚を重視します。主観的な感覚で物事をとらえ、発想が豊かです。企画、宣伝、編集などのクリエイティブな職種では、評価につながります。また、営業、販売、サービス系の職種でも、直観や感覚から生まれる発想は、人の心に響くでしょう。

しかし、数字には無頓着な傾向があります。数値的な裏付けがないと信じてくれない人も、少なくありません。職位が上がるにつれて、会社の数字には強くなることが求められます。基本的には好きではないかもしれませんが、数字で物事を考えることも心がけてみください。

自己診断チェック

Q.27

- □ 答えが出ないミーティングでも議論が盛り上がれば良し
- □ 全体像を把握してから物事を始める
- □ 「人生とは何か？」について、ひと晩語り合える
- □ 自己啓発書などが好き
- □ 「恋や愛とは何か？」を考えたことがある

エモーション系パーソナリティ7

抽象概念

物事の全体像を概念的にとらえようとする傾向

高い場合の特徴

・全体像をつかんでから、物事に取り組む
・なぜそうなるのか、を追求し続ける
・物事の本質を追究しようとする、思慮深い
・答えのない議論が苦にならない
・考え込みすぎる、理屈っぽい

高い人は、物事の本質を追究しようとします。明確な答えが見つからないもの、目に見えないものでも、その真理を探究します。「人生とは何か？」「幸せってなんだろう？」というような話題で、ひと晩飲みながら語れるような人です。リーダー的な立場にある人は、メンバーに仕事の意味や目的を伝え、チームの活性化を促すことで重要な役割を果たします。

ただし、行きすぎると、「理屈っぽい」と思われてしまうので注意しましょう。どんなに本質的なことを語っても、相手に伝わらなければ意味がありません。

低い場合の特徴

・見えるもの、明確なものへの関心が高い
・すぐに行動する
・物事を表面的にとらえる
・見たものしか信じない
・各論に行きがち

低い人は、目に見える明確なものを重視します。「人生とは？」というような哲学的なテーマよりも、たとえば「キャリアアップのために何をすべきか？」などリアルで具体的な話題や、すぐに答えが出るものを好みます。漠然としたこと、曖昧なことは許せないところも。

ただし、物事を表層的にとらえる傾向が強く、物事の本質をとらえるのが苦手です。職位が上がるにつれて、モチベーションを高め、理念を浸透させていくための物事を概念的にとらえるコンセプチュアルなスキルも求められます。時には、今取り組んでいる仕事の意味や本質などとの関連性を考えてみることも大切です。

自己診断チェック

Q.28

- □ 新しいもの、目新しいものは大好き
- □ 珍しいものが好き
- □ 飽きっぽい性格だ
- □ 習いごとは続いたためしがない
- □ 新しいお店やトレンドに敏感

好奇心

新しい物事に対する興味・関心を持つ姿勢

高い場合の特徴

・新しいものが好き
・新しいことにも、ためらわず関わる
・面白いことが好き
・1つのことを追求するよりも、いろいろな経験をしてみたいと思っている
・飽きっぽい

高い人は、新しい物事への関心が強いです。新しい商品やサービス、流行していることや話題になっているものに積極的に興味を抱きます。

「好奇心」の度合いは若い人ほど高く、年齢を経るごとに下がっていく傾向があります。年齢やポジションが高くなっても、新しい物事や未知の情報に触れ、仕事に活かしている人は、高い評価を得られます。

ただし、好奇心の高さゆえ、次から次へと興味・関心の対象が移るので、飽きっぽく、継続性に欠ける傾向があります。1つのことに集中できず、隣の芝生が青く見える、ということもあり得るので、散漫にならないように注意してください。

低い場合の特徴

・1つのものを継続的に追い求める
・今を大事にする
・新しいことよりも過去を重視
・新しいことに対して新鮮さを感じない
・新しいことに関心が低く、取り入れようとしない

低い人は、1つの物事を継続的に追いかけます。世間の流行に左右されず、自分が興味を持っていることを徹底的に追求します。今取り組んでいることを続ける、今一緒にいる人と長くいることを好みます。今持っている物を大事にして、関心が散漫にならない人ともいえます。まさに「継続は力なり」で、時間をかけて積み重ねた経験やスキルは、どんな職業でも高く評価されるでしょう。

一方、新しい物事や変化は好みまない傾向があるので、時代の流れに取り残されないよう、興味や関心の幅を広げていきましょう。

自己診断チェック

Q.29

□自分で決めた目標を持っており、そこに向かって日々努力している

□本をよく読む

□自分に対して負けず嫌い

□通勤時間は、新聞を読むか勉強している

□成長しないのは嫌だ

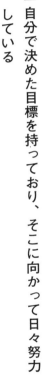

エモーション系パーソナリティ 9

向上意欲

現状より高いレベルを目指そうとする姿勢

高い場合の特徴

- 自分の能力を高め続けることへの関心が強い
- いつも何かを学ぼうとする
- 何かを達成することに魅力を感じる
- 現状をよりよくするために、いつも改善を心がける
- 落としどころなしに突っ走る

高い人は、文字通り、より高いレベルを目指し、そのために努力を続けます。自分で決めた目標をちゃんとやり通すタイプです。自分に対して「負けず嫌い」な人ともいえ、成長するためにはとても大切な特性です。評価を高める最も重要なパーソナリティの１つです。

ただし、向上意欲は高くても、明確な目標を決めずに頑張りすぎて、燃え尽き症候群になってしまう人も少なくありません。「本当にそれを努力することが大切なのか？」と、立ち止まってみることも必要です。たとえば、資格を取るための勉強にのめり込む前に、一度「本当にその資格が必要なのかどうか？」を自問自答してみてください。

低い場合の特徴

- 適切な落としどころ、力加減のバランスがとれる
- 頑張りすぎない
- 努力するより、今のままに甘んじる
- 通勤時間はゲームをしているか、寝ていることが多い
- 新しいことを吸収しない

低い人は、頑張りすぎない、マイペースなタイプです。無理をせず、力加減のバランスがとれているともいえます。向上心は大事ですが、無理がたたって心身の疲労から健康を害してしまわないよう、ストレスコントロール、体調管理もビジネスパーソンにとって必要なスキルです。

ただし、極端に低い人は、成長や変化の見込みがない、やる気がないなどと判断され、シビアな評価が下されます。時に、自分に居心地がいいままでは取り残されてしまうかもしれず、頑張る姿勢を見せることも大切です。まずは、小さなゴールを設定して取り組んでみてください。

自己診断チェック

Q.30

- □ この先、もっと良くなると思っている
- □ 人生、なんとかなると思っている
- □ コップにまだ水が半分ある、と思う派
- □ 失敗しても、たいしたことはないと思う
- □ 何事もポジティブに考える

エモーション系パーソナリティ 10

楽観性

くよくよせず、明るく朗らかに物事をとらえる姿勢

高い場合の特徴

- 楽観的に明るく未来を見つめる
- たいていのことは、何とかなると思っている
- リスクを考えるよりも、行動してみることに意義を感じる
- ポジティブに考える
- 見込みが甘くなる

高い人は、物事を明るく希望的にとらえることができます。たとえ、良くないことがあっても、将来はきっと良くなると信じて、くよくよ悩んだりしません。よく使われるたとえですが、コップに水が半分入っていたら「まだ半分ある」と考えるのが高いタイプ、「もう半分しかない」と考えるのが低いタイプです。「大丈夫」と明るく周囲をフォローしてチームに力を与えます。逆境を乗り越え、ハードワークをやりきる強さは高く評価されるでしょう。

ただし、楽観的すぎると、見込みが甘くなりがちで、失敗する確率が高くなってしまいます。落とし穴は、どんなところにあるかわからないので油断大敵です。備えあれば憂いなしです。

低い場合の特徴

- リスクの想定ができる
- 物事を慎重にとらえる
- 過去の失敗を振り返り、厳しく未来を見つめる
- ネガティブに考える
- 世の中はどんどん悪くなっていくと思っている

低い人は、現実を厳しく見つめ、たとえ良いことがあっても「油断してはいけない」「こんな幸運は今だけ」と気を引き締める慎重派です。物事を主観的な希望的観測でとらえず、状況を客観的に把握できれば、評価の重要なポイントになります。楽観主義者ばかりではチームは成り立たず、リスクを想定できるブレーキ役になり得るでしょう。

ただし、極端に低い人は、ネガティブに考えすぎる傾向があります。悪いことばかりではなく、いいことがあったら、それにも目を向けて、「たまたまだ」と思わずに、心から味わいましょう。

自己診断チェック

Q.31

- □ やることが多くても、投げ出さず、最後まで行える
- □ 仕事が多いのはうれしい
- □ 仕事に没頭しても苦にならない
- □ 「忙しい＝充実している」と感じる
- □ 物事の見積もりが甘いことが多い

ストレス耐性系パーソナリティ 1

仕事の負荷量

仕事量の多さからくるストレスに対する強さの度合い

高い場合の特徴

- 仕事の負荷に対して挑戦する姿勢がある
- 仕事が大変な状況でも、それほど不安を感じない
- ワーク・ライフ・ブレンド（仕事のオンとオフの境がない）ほうがいい
- 忙しいのが好き
- 仕事量の読みが甘い

高い人は、仕事量が多くても、挑戦する姿勢です。「終わりが見えない仕事」であっても、進んでいけます。このタイプには、エネルギーにあふれ、忙しいのがわりと好きな人が多いです。個人に対する仕事の負荷が高まっている時代に、タフさは高い評価を得られるでしょう。

ただし、仕事量の多さが気にならない人は、仕事量の読みが甘い傾向があります。納期を守れない、クオリティが下がる、ミスやトラブルが頻発する、そんな事態を引き起こしがちです。自分のキャパシティを超えて引き受けすぎて、つぶれてしまわないように注意してください。

低い場合の特徴

- 仕事量に対して危機意識を持てる
- 適度な業務量で仕事をしたい
- 仕事の負荷により過度な不安を感じる
- 忙しいのは嫌い
- ワーク・ライフ・バランス（仕事のオンとオフは分ける）を重視

低い人は、仕事の負荷量に対して「できること」と「できないこと」を冷静に見極められます。無理な注文に対しては、はっきりと断る意志の強さを持っています。仕事の完了を見積もることができ、自身のキャパシティを把握し、納期やルールを守れると、評価も高くなります。

ただし、「終わりが見えない」ということにストレスを感じやすく、いつまでに終わるかの見積りができないと、とても不安になります。ゴールを細かく区切り、不安は周囲に相談するなど１人で抱え込まないようにしましょう。

自己診断チェック

Q.32

- □ 企画を考えるのが好き
- □ 裏付けがなくても不安にならない
- □ 指示が不明確でもストレスではない
- □ 答えが見えないことに取り組むことが好き
- □ 自分なりに考えて物事を進められる

矛盾や曖昧さ

一貫性のないことや基準がハッキリしない状態からくる
ストレスに対する強さの度合い

高い場合の特徴

- 不確定な状況や矛盾があっても前に進める
- 見通しがつかなくても突っ込んで苦労をいとわない
- 常に新しいアイデアを出そうと考えることができる
- 勢いで物事を進められる
- 答えが出なくても頑張れる

高い人は、不確定な状況や矛盾があっても前に進めます。答えが見えないことでも、「まず、やってみてから考えよう」「やってみてダメなら、またそのとき考えればいいさ」と考えるタイプです。また、上司やクライアントから矛盾すること、理不尽なことをいわれても、あまり気にせずにこなせることで評価が高くなります。

ただし、「曖昧なままではいけない」案件もあるので、「それは、こういうことですか？」と言い換えや要約をしながら、相手の意図を明確にするようにしましょう。

低い場合の特徴

- 確実な事象や裏付けをもとに行動する
- 一貫性に欠ける、不確定なことを拒絶する
- 明確な指示がないと不安になる
- 答えが出ない仕事はストレスに感じる
- 企画の仕事は苦手

低い人は、確実な事象や明確な裏付けをもとに行動します。見通しが立たないときには、突っ走ったりしません。意図の不明確な依頼には、確認を怠らないので、ミスやトラブルも事前に防ぎ、着実にオペレーションをこなしていくことができます。決められた仕事に対する信頼性が高く、これも評価の重要なポイントです。

ただし、極端に低い人は、不明確な物事、一貫性に欠けること、不確実なことにストレスを感じやすく、拒絶してしまう傾向があります。「柔軟性」「楽観性」「適応性」を高めるべく意識的に振る舞ってみることで、本来の自分も変化していくでしょう。

自己診断チェック

Q.33

- □ 職場の人との関わりは問題ない
- □ 人と関わるのが好き
- □ 身近にストレスを感じる人はいない
- □ 周囲になんでも相談できる
- □ ここ最近、人から傷つけられたことはない

ストレス耐性系パーソナリティ3

人間関係

人との関わりのなかで生じるストレスに対する強さの度合い

高い場合の特徴

- 人と関わることに対して積極的
- 組織やチームで物事を進めることが好き
- 他者からのプレッシャーに動じない
- 相手の気持ちや考えよりも成果を大切にする
- 他人の気持ちに鈍感

高い人は、他人の感情に左右されず、プレッシャーにも動じません。「人間関係」のパーソナリティは、気質とも関連はありますが、今、近くにストレスを受ける人（ストレッサー）がいるかどうかも大きく影響します。「その人がいるとストレスに感じる」というときは下がります。すなわち、高い人は気にしないか、ストレッサーが近くにいないとも考えられます。そのため、人間関係であまり悩まないタイプか、「今は」悩んでいないかもしれない人ともいえます。

ただし、ストレスに強い人は、自分が傷つきにくいため、他者の感情にも鈍感で、意識せずに人を傷つけている場合もあることに注意しましょう。

低い場合の特徴

- 他人の気持ちや考えを敏感に感じ取れる
- 常に言動が気になる人が現状いる
- 周囲にストレッサーがいる
- 人との関わりによるストレスに対応できない
- 人間関係を築くのが苦手

低い人は、他人の気持ちに敏感な人ともいえます。他者の気持ちを推し量り、気にかけ、尊重できる「共感力」があり、これも評価の重要なポイントです。また、もし人間関係で悩んだとしても、その経験は、悪いことばかりをもたらすものではありません。「優しさ」につながる、人の気持ちに寄り添える証拠ともいえるからです。

とはいえ、人との関わりによるストレスに対応できない傾向が強く、心身ともに疲弊してしまうケースも見られます。人間関係のストレスは、他人を気にしすぎないことが一番の対処法です。

自己診断チェック

Q.34

- □ マイペースに行動できる
- □ 周囲からの評価を気にしない
- □ 他者の意見に耳を傾けない場面がある
- □ 公共の場でも視線を気にせず、したいことをする
- □ 自分の考えをはっきり持っている

ストレス耐性系パーソナリティ 4

周囲からの評価

他者からの評価を気にすることによって感じるストレスへの強さの度合い

高い場合の特徴

- 周囲からの評価を気にせず自己を保てる
- 自分の考えを持っている
- 他者からのプレッシャーに動じない
- 上司などの、権力の強い人に対しても、物怖じせず意見がいえる
- 他者の意見に耳を傾けない

高い人は、周囲からの評価を気にせず、自己を保てます。誰にどう見られても、気にしません。世間の常識や一般論などに左右されず、自分自身の価値観で自分を評価しようとします。他人の顔色をうかがって自分の意見をコロコロ変えたりせず、揺るぎない自分を持っているというのは一流のビジネスパーソンに多く、評価を得ている特徴の１つです。

ただし、この「強み」は「弱み」と表裏一体です。周囲の意見に耳を傾けない傾向があり、人が自分から離れていく原因となってしまいます。「傾聴力」も重要なビジネススキルの１つです。

低い場合の特徴

- 周囲の意見や考えを気にかける
- 周囲の意見をしっかり聞ける
- 周囲の評価を重視
- 周囲の目が気になる
- 他人からどう見られているのかを過剰に気にする

低い人は、周囲の意見や考えを気にかけます。「周りに嫌な思いをさせていないか？」「不快な言動をしていなか？」と、自分よりも周囲の人々の立場に立って物事を考えます。相手目線で物事を考えられるというのは、重要な評価のポイントです。周りの人の目をよく気にして、「自分はどう見られているんだろう？」ということに敏感です。これは配慮ができる、気づかいができるということにもつながります。

極端に低いと、「周りからどう見られているか？」ばかりが気になり、自意識過剰で自らを苦しめます。人は自分が思っているよりも見ていないものです。まずは自分があってこそ、周囲の力にもなれるのです。

「高いから良い・低いから悪い」ではない
～診断結果の活かし方（1）～

「34のパーソナリティ」の自己診断チェックシートの結果は、いかがでしたか？
「やっぱり」とあらためて確認できた項目もあれば、「えっ？」と意外に思う結果もあったのではないでしょうか。

この自己診断の結果は「高いから良い・低いから悪い」ということではありません。
たとえば、「革新性」が高い人は、変化を好み、引っ越しが好きだったりします。低い人は、変化を好まず、伝統的なものが好きだったりします。引っ越しが好きな人と伝統的なものが好きな人、そこに優劣はありませんよね。

「革新性」が高い人は、新しい取り組みに挑める「強み」もあれば、これまでの慣習を否定してしまうという「弱み」もあります。低い人は、慣習を大事にできるという

「強み」もあれば、変化に対応にしくいという「弱み」もあります。

自己診断の目的は、自分を客観視し、どんな性格的特徴があるのかを知ること。そして、その特徴の「強み」「弱み」の両面を理解することにあります。

自信のある人と、自信過剰な人は違います。

自信のある人は、自分の性格の「強み」と「弱み」の両面を知っていて、「強み」によって生じるリスクも想定して行動します。

たとえば、「決断性」の高い人は、躊躇《ちゅうちょ》せずに物事を決められるので仕事のスピードが速いです。ただし、そのぶん間違った決断をする確率も高いのです。それを知っていて、間違った決断をした場合にどのようなリスクがあるのかを想定しながら決断します。

自信のある人は、「機敏・機転」を高めることも意識して、不測の事態にも速やかに対応します。「データ指向」も高め、直感だけでなく、データから物事を細かく理解しようとします。だから、成功率が高くなり、評価も高くなるのです。

一方、自信過剰な人は、自分の性格の「強み」しか見ていません。リスクを想定しないで行動してしまうので、間違った決断をしたり、一貫性や俯瞰性に欠けた判断をしてしまい、評価が低くなります。

どんな性格も「強み」にもなれば、「弱み」にもなるのです。

次に紹介するのは、一般的にはあるほうが良しとされていますが、高すぎるとマイナスになり得るパーソナリティの代表的な例です。

- 「責任感」があると信頼されます。評価もされます。しかし責任感が高すぎると「期待に応えなきゃ」と思いつめることも多く、自分自身がつらくなります。
- 「積極性」は大切ですが、高すぎると先のことを考えず暴走します。
- 「適応性」も高すぎると、主体性がなさすぎて「自分というものがないのか!」といわれたりします。

・「柔軟性」が高すぎると、ルールや規則を破りまくって、いい加減といわれます。また、「機敏・機転」も高すぎると、周りを混乱に陥れます。
・「計画性」が高すぎる人は、計画通りに物事が運ばないとパニックになります。
・「堅実性」や「緻密性」も高すぎると、細かいことにこだわりすぎて「もう、それくらいにして！」と周囲からストップがかかります。
・「自己主張」が高すぎると、鬱陶《うっとう》しがられてしまいます。
・「思い込み・頑固」が高いと、他者の意見を受け入れないので周りがさじを投げてしまいます。
・「素直」が高すぎると、「もっと自分を持て！」といわれます。

・「友好性」が高すぎると、人と一緒にいることを最優先し、1人で何かができなくなります。
・「相談度」が高すぎると、「もっと自分で考えて」といわれます。
・「協調性」が高すぎると、他者の目ばかりを気にして自分の意志が不明確になります。
・「世慣れ度」が高すぎると、図々しいといわれます。
・「配慮・サービス性」が高すぎると、周囲の要望に振り回されます。また、「外交性」が高すぎると、関心事が散漫になります。
・「支配性」が高すぎると、「あなたの言う通りに物事は運ばないんだよ!」などと周囲の不満が爆発します。

・「批判性」が高すぎると、周囲を不快にさせます。

・「自責性」が高すぎると、1人で問題を抱え込んでしまいがちです。

・「感情的・衝動的」が高すぎると、気分にムラがあり、感情的になりやすいです。

・「負けず嫌い」も度がすぎると、勝つことだけを優先し、人間関係に亀裂が生じます。

・「フレーム指向」が高すぎると、新たな発想が出てきません。

・「データ指向」が高すぎても、「数字、数字」となりすぎて物事の本質を見失います。

・「抽象概念」が高すぎると、理屈っぽくなります。

- 「好奇心」が高すぎると、飽きっぽくて信頼されなくなります。
- 「向上意欲」が高すぎると、場合によっては空回りします。
- 「楽観性」が高すぎると、見込みが甘くなって失敗します。
- 「仕事の負荷量」が高すぎると、体を壊してしまうかもしれません。
- 「矛盾や曖昧さ」が高すぎると、見通しが立たなくても突っ込んで苦労します。
- 「人間関係」は気にしなさすぎると、トラブルになります。
- 「周囲からの評価」をまったく気にしないと、自己評価とのギャップが生まれます。

このように「強み」と「弱み」は、表裏一体です。どのパーソナリティも、一歩間違えるとマイナスに作用する可能性があるのです。

自己診断チェックシートの各パーソナリティの解説の「高い場合の特徴」と「低い場合の特徴」が書いてあるところは、各項目のプラスの面だけでなく、マイナスの面にも注目してください。

これらは統計と知見から明らかにされている、その性格的特徴を持つ人がとりがちな行動です。たとえ本人は自覚していなくても、周囲の人からそう見られている可能性もあります。

高い項目は少し下げる、低い項目は少し上げる、あるいは、ほかのパーソナリティでカバーするなどして、自分の「強み」がマイナスに作用しないようにコントロールすることを意識しましょう。それが評価を左右する大事なポイントです。

性格は「組み合わせ」で特徴になる ～診断結果の活かし方(2)～

「性格」というものは、さまざまなパーソナリティの組み合わせによって成り立っています。**個別の結果だけでなく「組み合わせ」をチェックすることも大事です。**

たとえば、同じ「思い込み・頑固」が高い人でも、「柔軟性」が高いか・低いかによって意識すべきことが変わります。「思い込み・頑固」が高く「柔軟性」が低い人は、信念があって妥協しない強さを持っていることが「強み」である一方、自分の考えに固執するあまり、相手や状況に合わせて融通が利かなくなるのが「弱み」です。

ただし、このような場合は、本人も「自分は頑固な性格で融通が利かない」と自覚しているケースが多いので、頑固になりすぎないように注意して、周囲の状況に合わせる行動を増やしていけば、評価は上がります。

しかし、「思い込み・頑固」と「柔軟性」のどちらも高い人は、自分が「頑固」であることを自覚できていないケースが少なくありません。

じつは私がまさにそうなのですが、このタイプは「ある部分では譲れないけれど、ほかはどうでもいい」と考えていて、この「どうでもいい」の部分だけを見て「自分は柔軟性がある」と考えています。しかし、本当に柔軟性がある人は「譲れない部分」を認識していて、譲るか譲らないかをフレキシブルに対応しているものです。

「思い込み・頑固」と「柔軟性」どちらも高い人は、周囲から「融通が利かない人」と思われがちなのですが、本人はなかなかそれに気づくことができません。

自覚ができていないと、こうした場合に、自己評価と人事評価にギャップが生まれて、どんどん評価が下がっていく悪循環が生まれてしまったりするのです。

「34のパーソナリティ」には、一見すると似たようなパーソナリティがいくつかあります。これは、こうしたギャップを発見しやすくするためなのです。人の性格は、さまざまなパーソナリティによって構成されています。人の数だけ性格があり、同じ性格はありません。ただし、ビジネスの場面において「強み」「弱み」となる「組み合わせ」にはいくつかのパターンがあり、それらが評価につながります。

注意が必要なパーソナリティの「組み合わせ」～診断結果の活かし方(3)～

では、注意が必要なパーソナリティの組み合わせについて見ていきましょう。

「革新性」が高い人は、「決断性」「適応性」「柔軟性」「機敏・機転」「世慣れ度」「支配度」も高いことが多く、いわゆるリーダータイプです。

しかし「相談度」が低いと、独裁者になりがちです。自分の思い通りに物事が進まないと嫌になってしまい、「行きすぎたわがまま」と思われてしまいます。「裸の王様」にならないためには、意識して人の話に耳を傾けるなどして「相談度」を高めましょう。

「責任感」と「積極性」が高い人は、基本的に高く評価されます。ただし、責任感の強さから暴走して、周囲から孤立することも少なくありません。「友好性」「相談度」「協調性」も意識し、ひとりよがりにならない行動を心がけましょう。

「計画性」「堅実性」「緻密性」が低い人は、アドリブに強く、状況が変化してもすぐに対応できることが「強み」です。しかし、段取りが苦手で、安定性に欠け、細かいチェックを怠りがちなので、致命的なミスを犯すリスクがあります。また、周囲から「適当すぎる」「信頼できない」と思われて評価が低くなるケースが多く見られます。たとえ苦手であっても、スケジュール管理を徹底し、ケアレスミスを防ぐ仕組みを考えるなど、「弱み」をカバーする手立てを講じましょう。

「適応性」「柔軟性」「機敏・機転」が低く、「思い込み・頑固」が高い人は、まさしく頑固で融通が利かないことが多いです。職位が高くなると、それが「強み」にもなりますが、若い時期に頑固すぎると、多くの物事を吸収できないため、成長できません。「素直」を高めることを意識して、自分の考えだけに偏らず、他者からいわれたことや指摘されたことを受け入れる努力もしたほうがいいでしょう。

「批判性」が高く「素直」が低い人も同様です。間違いを見つけて指摘することも大事ですが、批判するだけでは周囲から嫌われてしまいます。他者の意見も受け入れ、物事を肯定する力も身につけたほうがいいでしょう。また、人を信用しない面があるかもしれません。見極めることも大切ですが、疑ってばかりいては前に進めません。

「自己主張」「友好性」「相談度」「協調性」「配慮・サービス」、これらすべてが低い人は、コミュニケーションの総量が少ない可能性があります。周囲の人々の気持ちがわからず、自分のことも理解してもらえていない可能性があります。発信力や受信力は、自分で意識しないと高められません。人と接する機会を増やして、コミュニケーションの総量を多くしていきましょう。

「負けず嫌い」と「向上意欲」がどちらも低い人は、エネルギーの量が少ないです。「負けず嫌い」は、人に負けたくない。「向上意欲」は、自分に負けたくない。この両方が低いということは「今のままでいい」と思っているということです。
これは気質に近い部分なので変えることが難しいのですが、心身が弱っていると、この2つが低く出る傾向があります。今の自分を変えたいと願うのならば、「こうなりたい」と思えるモデルとなる人物を見つけて、そこに近づけるように行動していきましょう。

「負けず嫌い」「向上意欲」と「フレーム指向」が高い人は、「これ」と決めた目標に向かって迷わず突き進める「強さ」を持っています。ただし、その一方で「この道しかない！」と思い込むあまり、視野狭窄《きょうさく》に陥るリスクも併せ持っています。「フレーム指向」を少し下げ、視野を広げることも意識したほうがいいでしょう。

「楽観性」が高い人は、人から好かれ、評価も高くなります。しかし、「計画性」「堅実性」「緻密性」が低く、ストレス耐性が全般的に高いと、本人は幸せですが、周囲の人々を「大丈夫か？」と不安がらせてしまいます。「計画性」「堅実性」「緻密性」も高め、楽観的な考え方に「説得力」を持たせることも意識したほうがいいでしょう。

もし、あなたのパーソナリティにこれらに該当するものがあったら、まず自らその特徴を意識することです。そして、その特徴を踏まえて、周囲とうまくコミュニケーションをしていく術を見出していくのです。

性格をもとに、ストレス耐性を高めるための方法
～診断結果の活かし方（4）～

ここ最近、「レジリエンス」という「回復」「弾性」などを意味する概念が心理学だけでなく、組織論や経営学でも注目されています。これは、「折れない心」をいかに鍛えるかともいえ、「ストレス耐性」とも大きく関連しています。

性格をもとに、ストレス耐性を高めるための方法についても見ていきましょう。

「仕事の負荷量」がストレスになる人は、無理して負荷をかけて自分を変えようとするとつぶれてしまう危険性があります。「終わりが見えない」ことがストレスになっていると思われますので、時間や量においての「終わり」を設定してみましょう。

また、できるだけ仕事量をコントロールし、少しずつ増やすようにしましょう。経

験値を高めれば、自信がついてストレス耐性も高くなっていきます。

「矛盾や曖昧さ」が許せない人は、「自分はそういうことを気にしすぎる性格なんだ」と認識し、許容できる範囲を広げていけると楽になります。しかし、それが難しい場合には、自分に合った仕事を選ぶことも考えたほうがいいかもしれません。

仕事には「答えが見える仕事」と「答えが見えない仕事」があります。営業、会計、経理、総務などのオペレーション業務や製造などは比較的答えが見えやすい職種ですが、企画、開発、人事、編集などは明確な答えが見えにくい仕事です。

「矛盾や曖昧さ」のストレス耐性が低い人は、「答えが見える仕事」をしたほうがストレスを感じにくくなります。異動や転職も視野に入れて、自分と向き合ってみましょう。

「人間関係」のストレス耐性が低い人は、ストレスに感じる人を「敬して遠ざける」ことが一番の対処法です。どんな人にも長所と短所があるものです。自分の許容範囲を広げ、ポジティブな視点で相手の長所を見つける努力は大切です。

しかし、それでも合わない人、苦手な人はいるものです。ストレス耐性が高い人であっても、身近に苦手な人がいると、この項目の数値が低くなります。

どうしてもストレスを感じる人がいた場合は、無理して付き合うよりも、避けられるものなら避けたほうがいいでしょう。ただ、単に相手を遠ざけると悪口などをいわれ、さらにストレスがたまります。だから、敬意を示しつつ一定の距離を置くのです。

「周囲からの評価」のストレス耐性が低い人は、とにかく周囲の目を気にしすぎないことが大切です。人は誰もが自分のことで忙しく、他人のことなんてそれほど気にしていないものです。自分が意識するほど、誰もあなたを見ていません。気にしそうになったら、「自分のことなんて誰も気にしていない」そう考えるように努めましょう。

自分はどんなところが強く、弱いかを知っていると、不測の事態が起きても対応しやすくなり、必要以上にストレスも感じにくくなります。そして、自分にとって無理のない環境に身を置くことで力も発揮しやすくなるでしょう。

どんなパーソナリティの人が最も評価されるのか、これは一概にはいえませんが、

職種や業種によっても評価される性格は変わる
～診断結果の活かし方(5)～

一般的には、ワークスタイル系パーソナリティ（革新性、決断性、責任感、積極性、適応性、柔軟性、機敏・機転、計画性、堅実性、緻密性）が高めの人が評価される傾向がありますが、職種や業種によって評価される性格は異なります。

たとえば、一般的にはエモーション系パーソナリティの「自責性」が低い人より高い人のほうが評価されます。失敗の原因を人のせいにせず、自らに問うことができるからです。しかし、営業職では「自責性」が低い人のほうが評価されやすい場合もあります。営業は、1つの商談が失敗したからといって、いつまでもくよくよしているわけにはいきません。気持ちを切り替え、笑顔で次の商談に向かわなくてはいけません。営業という職種では、物事を割り切って考えることが必要なのです。

そのため、営業は仕事がうまく進まないときでも、気持ちを切り替え、違う選択肢を選ぶことができる「自責性」の低い人のほうが評価されやすくなります。

ある企業では、一般的に必要とされている「革新性」「決断性」「柔軟性」「積極性」「機敏・機転」などは、さほど求めていないと明言していました。

この企業では、戦略はトップが決めるので、社員には決められた仕事をきっちりこなすオペレーターとしての役割を求めています。そのため、必要とされるのは「フレーム指向」が高い人です。やるべき仕事が明確で、商材が固定している企業などでは、このような傾向がよく見られます。

たとえば、ラーメン店を運営している会社だったら、ラーメンという枠のなかでの新しい発想は求めていても、「お花屋さんを始めましょう」「洋服も売りましょう」といった根本から異なる革新的な発想は求めていないかもしれません。

伝統的な会社や慣習を大事にしている会社では、「革新性」が低く「フレーム指向」が高い人のほうが、社風に合った活躍ができるので高く評価されます。

ルールを守ることが重要な職業も同様です。もし、警察官が「フレーム指向」が低かったり「柔軟性」が高かったりしたら、どうなるでしょう？　「スピード違反してもいいじゃん」などと社会のルールを逸脱した柔軟な発想をされても困るわけです。

一方、従来の常識とは異なる、新しい取り組みを重視しているベンチャー企業などでは「革新性」や「柔軟性」が高い人が評価され、「フレーム指向」が高い人は評価されにくくなります。また、リスクを考えるよりも、行動することが重視されるので「楽観性」の高い人のほうが評価されやすくなります。

逆に、経理、事務、製造、研究職といったデータ管理などが重要な職種では「楽観性」が低い人のほうが評価され、「緻密性」や「批判性」が求められます。なぜなら、データに誤りはないか、数字に間違いがないかなど、常に疑問を持って物事をとらえることが必要とされるからです。「だいたい合っていれば、なんとかなるさ」と楽観的に考えていたら、致命的なミスが起こりかねません。

このように職種や業種、会社によって求められるものは異なるため、どんな性格が評価されるのかは一概にはいえないのですが、ある程度の傾向はあります。次のページに、私が経験上考える、主な職種とパーソナリティを図にしてみました。

パーソナリティと職種のマトリクス

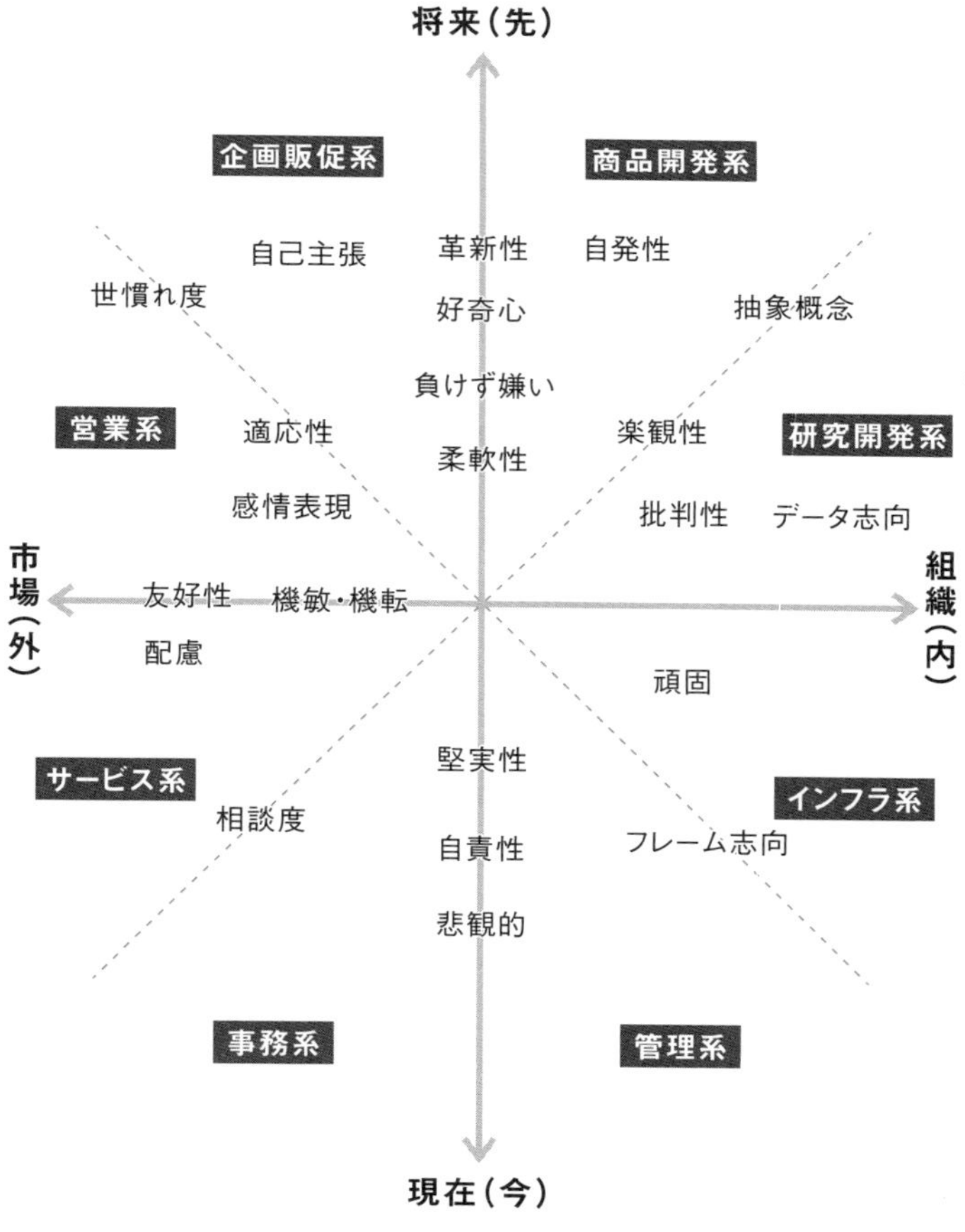

※代表的な項目を表示しています

また、「どんなパーソナリティが評価されやすいか」は同じ会社で活躍している、評価の高い人からも学ぶことができます。

企業のホームページなどには「求める人材像」が書いてありますが、これはどの企業もほぼ一緒なので、あまり参考になりません。同じ会社にいろいろなタイプの人がいるように、会社が本当に求めているのは、さまざま人材です。

しかし、同じ会社で活躍している人、高く評価されている人には、共通する傾向があるはずです。1人ではなく、複数人を参考モデルとして、その人たちはどんな行動をしているのかを観察してみましょう。

性格は目に見えませんが、行動は目に見えます。評価されている人と同じ性格になることはできませんが、同じ行動をとることはできます。

自分のパーソナリティの特徴を確認し、職種や業種との適合性、同じ会社で活躍している人の行動なども参考にして、自分の性格を見直してみましょう。

第5章

性格で損をせずに、評価を高めるために大事なのは「影響力」

性格は生まれつきのものでも、変えられないものでもない

性格は生まれつきのものでも、変えられないものでもありません。

あなたが「自己診断チェックシート」の結果を見て、性格を変えたいと願うなら、変えることができます。

性格を円にたとえると、中心部にあるのは「気質」です。これは幼少期に形成されたもので、変えることがやや難しいとされています。

しかし、左の図のように性格の大部分を占めているのは「役割的性格」です。役割的性格は小学校、中学校、高校、大学、職場など、成長過程の経験、環境、人間関係などによって形成されたものなので、**自分の意志で変えることが可能です。**

パーソナリティ＝変えることができる性格的特徴

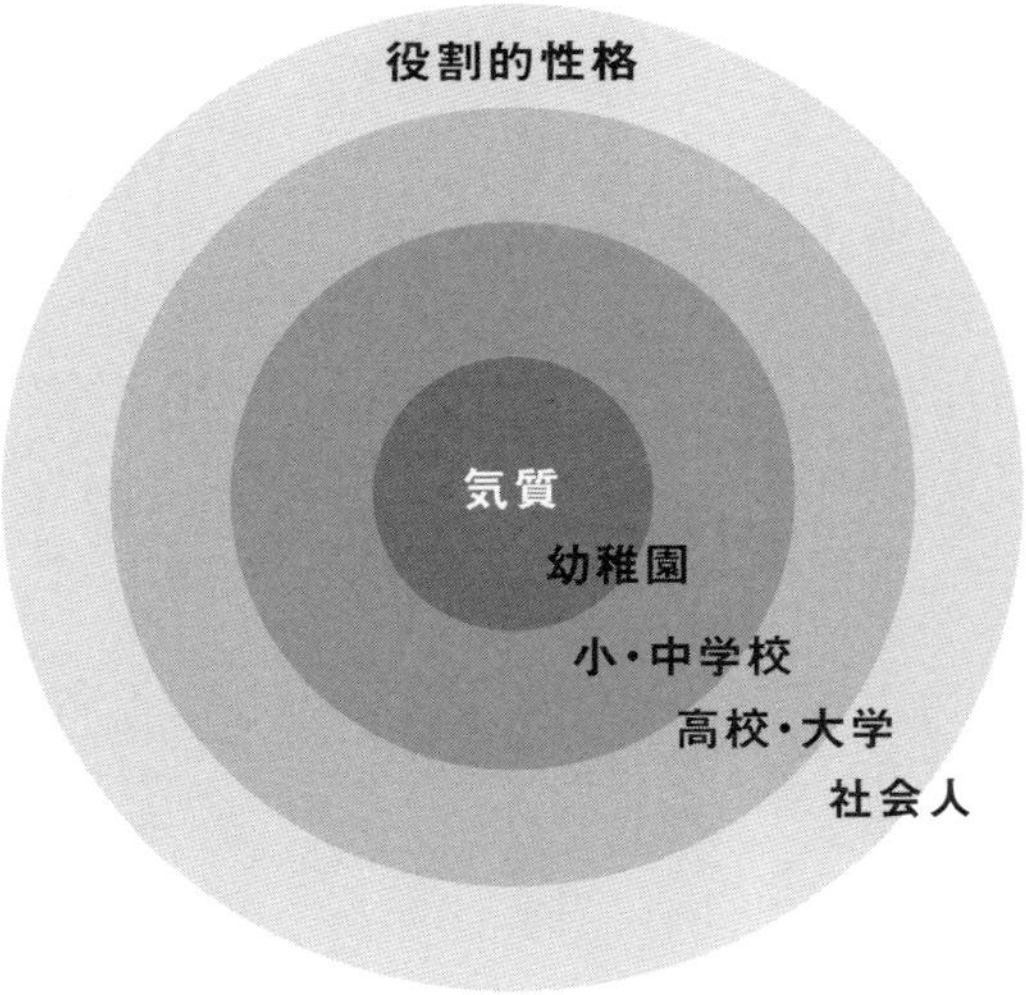

中心部：幼少期に形成された「気質」	→	**変えにくい**
外縁部：社会・職場などの役割に合わせた性格	→	**変えやすい**

性格は、中心部にある気質、環境や経験によって形成されていく。

たとえば、学生時代に学級委員やクラブの部長を務めることで、リーダーシップを身につけた人は多いでしょう。逆に、常に周りにリーダータイプの人がいたために、自身は受動的なタイプになった人もいると思います。

これらは役割によって身につけたものですから、人間関係や環境が変われば、当然、変わります。現在はリーダーシップがない人でも、チーフやマネージャーに昇格することによって、リーダーシップを発揮することは十分あり得ます。

また、太っている人がダイエットしたり、眼鏡をかけていた人がコンタクトに変えたりすることによってコンプレックスが消えると、消極的だった人が積極的になるのもよくある話ですよね。外見に自信が持てると、人は性格が変わります。

逆に、失敗をして自信を失っても、性格は変わります。

つまり性格とは、生まれつきのものでも、変わらないものでもないのです。苦手だった仕事に取り組み、それができるようになれば、自信がついて性格も変化します。

けれども、「私はこういう性格だから仕方がない」「性格的に無理」「これはできない」と、最初からあきらめてしまっている人が多くいます。

それ以前に、性格的特徴がマイナスに影響して、評価が低くなってしまっていることに気づいていない人もたくさんいます。

そういう方々に気づいてほしい。それが、この本を書いた一番の目的なのです。

私は、20代の頃に「営業で売れない理由は何だろう？」とずっと考えていました。そして、「とにかく話を聞くことが営業の仕事なんだ」と気づくのに何年もかかりました。もっと早く気づいていれば、私の人生も変わっていたかもしれません。

ある意味、私のエピソードは反面教師ですが、**人は1つの気づきさえあれば、行動が変わり、自分が変わり、仕事も人間関係も人生も大きく変わるのです。**

マイナス面は、無理に隠さなくてもいい

性格は変えようと思えば、変えることができます。ただし、私が本書でお伝えしたいのは「性格を変えよう」ということではありません。

性格は、大事な個性です。変えやすい性格と変えにくい性格があります。たとえば、ルールを多少逸脱しても構わないと考えている「柔軟性」の高い人が、「ちゃんとルールを守ろう」と意識することで、「柔軟性」を下げることはできます。

でも、その逆で「ルールを守ることが大事」と考えている「柔軟性」の低い人が、「ルールなんて守らなくていいんだ」と意識しても、なかなか変えることはできません。

不真面目な人が真面目になることはできるのですが、真面目な人が不真面目になるのは、意外と難しいのです。真面目な人が、無理して笑いをとろうとしても、かえっ

て相手に引かれてしまうなんてこともあります。

真面目すぎることが自分の「弱み」だと知っているのなら、無理に笑いをとりにいかなくてもいいのです。「私の欠点は真面目すぎることです」と公言して、もっと真面目な話をしたほうが、みんなに面白がってもらえるかもしれません。

マイナス面は、無理に隠さなくてもいいのです。


評価が高い人に共通しているのは、「自己評価」が適切にできていること、そしてもう1つは「自己開示」ができていることです。


自分と向き合って「これが得意です」「これが苦手です」ときちんといえる人は、それだけで評価されます。自分の欠点や弱点を理解さえしていれば、それを克服するのか、別の方法で対処するのかは、どちらでもいいのです。

自分の弱みを人に話せる人は、それができない人よりも、はるかに成長できます。周囲からも好かれます。

「キミはやる気だけはあるんだけど、ホント人の話を聞かないよな（笑）」なんて、苦手なこともネタにされやすくなり、周囲もその人の特徴を理解しやすくなります。

本人の成長過程も見えやすくなり、チームで弱点を補うこともできます（もちろん、開き直ってもらっては困ります。弱点を開示しながら、それを克服しようとしていることも併せて示しましょう）。

一方、**評価が低い人に共通しているのは、「自己評価が高い」＝「自分をわかっていないこと」、そして「弱み」をさらけ出せないことです。**

見栄を張って、できないことを「できます！」といったり、興味のないことを「興味があります！」といったり、嫌いなことを「好きです！」といったりしてしまう。それでは周囲から信頼を得られず、上司も適切なアドバイスができません。

自分を客観視して「弱み」を理解できていれば、性格は変えられなくても、あるいは変えなくても、行動を変えることはできます。

嫌いなものを無理して好きになったり、苦手なことを得意にしなくてもいいのです。ただし、**それがやるべきことなら、周りから求められていることなら、何らかの方法で対処する。得意にならなくてもいいから、マイナスになるような行動だけは避ける。**それだけで、評価は上がります。

状況に合わせて、スイッチをON／OFFする

私は「緻密性」が極めて低いため、子どもの頃から忘れ物が多く、社会人になっても、かつては遅刻をしたり、行きあたりばったりの仕事ぶりで上司からよく怒られていました。

しかし、今は「時間」は厳密に守っています。それはビジネスをやっていくうえで「そこは絶対に大事なんだ」と自覚しているからです。「計画性」も低いのですが、段取りはしっかりと組みます。それも、経営者として必要な行動だからです。

また、苦手なことは公言し、自分が不得手なことは、メンバーにフォローしてもらえるようにお願いしています。プライベートでは相変わらず忘れ物は多く、計画を立てるのも嫌いですが、仕事においては、意識して行動を変えることによって、自分を

変えることができたと思います。

性格は変えられなくても、行動は変えられます。行動を変えれば、自分も変化します。要は、「これは性格的に向いてない」とか「嫌だな」とあきらめてしまわず、やらなければいけないときは、「嫌でもやればいい」だけの話なのです。

では、あなたがやるべきことは何でしょうか？　その指標となるのが、第1章で紹介した、どんな会社にも共通している普遍的な評価基準である「コンピテンシー」です。

あなたがミドルマネージャー（課長クラス）だったとしたら、たとえば「目標達成」が求められます。目標を達成するためにあらゆる手段を尽くし、リーダーとしてメンバーのモチベーションが落ちないように常に声をかけ、励まし、相互に助け合う風土をつくる。

そのためには、「責任感」や「積極性」「柔軟性」「相談度」「協調性」「配慮・サービス性」「負けず嫌い」などのスイッチをONにしましょう。

もし、自分が「自罰性」が低く「感情的・衝動的」が高く、問題が起こったときの原因を人のせいにしがちだったり、感情的になりがちだったりする傾向があるのなら、それらのスイッチはＯＦＦにしましょう。

目標を達成するためには「進捗管理」も大切です。不測の事態が起こった場合には、何を優先するのかを判断しなくてはいけません。

そのためには、「決断性」のスイッチをＯＮにしましょう。「堅実性」「緻密性」のスイッチも入れましょう。不測の事態に対処するには「機敏・機転」も必要です。「思い込み・頑固」が高かったら、そのスイッチはＯＦＦにして融通を利かせましょう。

ミドルマネージャーに最も求められるコンピテンシーは、「人材育成」です。人を育てるためには、メンバーに興味を持ち、話し合うことが欠かせません。

そのためには、「外交性」や「友好性」のスイッチをＯＮにしましょう。部下の話を聞き、理解を示すためには「素直」を高めることも大切です。自分の価値観を押しつけようとする「支配性」が高い人は、そのスイッチはＯＦＦにしましょう。

このようにして、**今の自分が求められているコンピテンシーと照らし合わせて考え**

れば、やるべき行動が見えてきます。

性格的に苦手なことがあっても、やるべきことなら頑張るのです。

人間は、同じことを21日間（3週間）続けると、習慣化するといわれています。歯磨きも3週間続けないと、習慣化しないのだそうです。

苦手なことであっても、とりあえずやってみて習慣化できれば、自分が変わります。それが自然になれば、意識しなくてもできるようになります。

「自分の性格の特徴」は定期的にチェックしよう

自分の成長を確認するには、「34のパーソナリティ」の自己診断チェックを定期的に行うことをおすすめします。この自己診断チェックで明らかになるのは、「今」の自分の性格です。

性格は、日々変化するものです。あなたが行動を変え、習慣化できれば、性格にも変化が現れます。低かったパーソナリティが高くなったり、高かったものが低くなったりします。苦手だったことが得意になったり、得意とはいえないまでも、以前よりは苦手ではなくなったりすれば、やはりうれしいものです。

最近は多くの企業で、スキルアップ研修やeラーニング（インターネットを活用した学習）による知識教育が盛んに行われるようになってきました。

スキル（技術・技能）は、トレーニングによって身につきます。ナレッジ（知識）は、学習によって身につきます。スキルやナレッジの習得は、可視化しやすく、成長の度合いを自分で確認することができます。ただし、内面的な成長は、視覚化しにくいものです。

ビジネスにおいて最も重視されるのは「成果」であり、成果につながる「行動」です。この行動に大きく影響を与えているのが「性格」です。

ある意味、最も重要なものであるにもかかわらず、これまで多くの会社で明確な指標が示されず、本人や上司の主観だけで判断されてきたのが「性格」という漠然としたものでした。しかし、「34のパーソナリティ」の自己診断チェックシートを活用すれば、可視化できなかった「性格」も「見える化」できます。

このチェックは、定期的に行うことによって効果が増していきます。「今のあなた」と「1週間後のあなた」「1か月後のあなた」「1年後のあなた」では、まったく違った結果が出るかもしれません。

自分の性格を定期的にチェックして、自身の成長を確かめていきましょう。**成長が「見える化」すれば、ますます成長への意欲が増します。**

自分ではわからない「他者から見た自分」を知る

自分の性格を客観的に知るためには、「他者から見た自分」を理解することも重要です。たとえば、自己診断チェックシートの結果を、周囲の人に見てもらうことで、自分ではわからなかったことが見えてくるでしょう。

自己評価が高い人や自信過剰な人は、実際の自分とは異なる自己イメージを持っていることも少なくありません。それでは本当の自分は認識できません。

そのため、周囲の人に自己診断チェックシートの結果を見てもらって、実際の自分とズレがないか確認するのです。

「私って、どんな性格?」「私が直したほうがいいことって何かな?」と、いきなり質問しても相手は答えにくいものですが、自己診断チェックシートの結果を見せれば

「イエス」か「ノー」で回答すればいいので、はるかに答えやすくなります。

「私は革新性が高いって出たんだけど、どう思う?」

「協調性が低いって結果になってるんだけど、そう感じたことある?」

このように質問すれば、相手も答えやすく、ふだんはなかなか知ることのできない「盲点の窓」(「ジョハリの窓」のうち、自分は知らない、他人だけが知っている自分)を知ることができます。

他者に自分の性格を確認してもらうメリットは、もう1つあります。それは「自己開示」ができることです。

自己開示とは、自分自身の情報を、何の意図もなく、ありのままに伝えることです。前述したように、自己開示できる人は評価が高くなります。それは自分の長所や短所を周囲と共有することによって、お互いにフォローしながら成長できるからです。

上司と部下のコミュニケーションツールとして活用する

会社組織において、性格を開示する最も理想的な相手は、あなたが上司であれば部下、あなたが部下であれば上司です。

自分の性格だけではなく、上司や部下、あるいはチームのメンバー全員で自己診断チェックをして、その結果についてお互いに話し合えたら、最高のヒューマンマネジメントの機会になります。

あなたが上司であれば、ヒューマンマネジメントで最も重視されているのは「人材育成」です。人材育成とは、メンバー1人ひとりのキャリアビジョンやライフビジョンを把握し、それについてメンバーと一緒にプランニングし、どうすべきか考えていくことです。そして、人事評価を適切に行い、各々の強みを明らかにし、本人に認識させることです。

自己診断チェックシートの結果は、まさしくその絶好のツールとなります。チェックした結果を通じて、ふだんは指摘できなかったことをフィードバックし、部下の意外な一面を知ることで、育成の方向性も明確にすることができます。

あなたが部下であれば、最も大切なのは上司によるフィードバックです。残念ながら適切なフィードバックが行われている会社は少ないので、自分の性格を表わした診断結果を見せて、話し合うことによって、上司があなたをどう評価しているのか、どの部分を伸ばし、どの部分を改善してほしいと思っているのかを詳しく知るのです。

評価を上げるためには、上司が求めていることを知る必要があります。上司が明確な評価基準を持っていない人でも、この結果を参照すれば良いので、部下に求めていることを明確な言葉にしやすくなります。

上司と部下で「この部分をもっと頑張ろう」などと話し合って、お互いの性格を理解し合うことができれば、人間関係が円滑になり、チーム力が向上し、より高い成果を出せるようになります。すると、さらにお互いの評価を上げることにもつながります。

あなたは3年後にどうなっていたいですか？

私は転職者の採用面接をするときに、必ず「あなたは3年後にどうなっていたいですか？」と質問しています。

採用というのは、企業と個人のそれぞれのニーズのマッチングです。応募者は何をしたいのか？ どんなキャリアビジョンを描いているのか？ それらがわからなければ、会社側もその人が自社にマッチするのかを判断できないからです。それらがわからない人を採用することはできません。

このことは、人材育成においても同じです。たとえば「3年後には主任になっていたいです」「課長になっていたいです」と目標が明確な人なら、上司も指導がしやすくなります。そのために必要なコンピテンシーは何かを伝え、早い段階からマネジメントの基礎を教え、成長のスピードを早めることも可能です。

逆に、**「自分はどうなりたいのか?」という具体的なキャリアビジョンや目標を持っていない人は、おのずと評価が低くなってしまいます。**

「自分は頑張っているのに、周りはわかってくれない」。そんなことをいって嘆いていても、評価は上がりません。周りがわかってくれないのなら、わかってもらう、わからせる行動をとるのです。

「上司が見てくれない」という人もいます。上司だって5人も10人も部下がいたら、なかなか目が行き届きません。見てもらえないのなら、見てもらえる行動をとって、自分をアピールするのです。キャリアビジョンやライフビジョンが具体的であればあるほど、上司もアドバイスしやすくなり、評価もしやすくなります。

では、わかってもらうにはどうしたらいいのでしょうか?

まず、**いつまでに自分はどうなりたいのか、具体的な時間軸を設定した目標を決めます。**一般的には、1年先を見据えて仕事をするのが「課長」、3年先を見据えるのが「部長」、5〜10年先を見据えるのが「役員」といわれています。等級が上がるほど、見据えるべき時間を長くする必要があるのです。

「自分に足りないものは○○と□□だから、3年間で獲得する」などというように、時間軸を設定した目標を立てると、漠然と同じ時間を過ごした人とは圧倒的な差がつきます。

自分が変わることで、とくに目に見える変化があると、周囲の見る目が違ってきます。自身のキャリアにおけるビジョンを明確に持ち、そこに向かって自らの能力を伸ばそうと努力するのは、「成長意欲・学習意欲」という重要なコンピテンシーの1つです。目標を定め、勉強したり、努力していたりすることが見えれば、たとえすぐに成果が出ていなくても評価は上がります。

目標に対して今の自分に足りないものは何か、何を伸ばしたらいいのか、評価基準となる「コンピテンシー」と、「34のパーソナリティ」を参考に考えてみてください。

性格で損をせずに、評価が高い人に共通していること

第4章でお伝えしたように、評価される人に共通する性格は、職種や業種、会社によっても異なるので一概にはいえません。

ただし、社会人としての基本であったり、組織のなかで仕事をするための基本的なことは、ほとんどの会社で共通しています。

たとえば、「情意評価」と呼ばれる「仕事に対する姿勢」で評価をしている会社では、「規律性」「積極性」「責任性（「自責性」のパーソナリティに近い）」「協調性」の4つの項目が評価の対象になっている、という話をしました。

規則や納期を守る。自分から動く。責任感を持つ。人に協力する。どれも当たり前のことですが、これらができない人は当然、評価が低くなります。それどころか、あ

まりにひどい場合は、解雇事由になります。

営業職では「自責性」が高くないほうが商談に失敗しても割り切って次に進めるので評価されやすいという話をしましたが、チームのなかで仕事をしているときに「自責性」が低いと、「人のせいにするなよ」と嫌われますし、評価も下がります。

この4つの項目は、ほとんどの会社で重視されているので、行動に表し、多少あざとくても積極的にアピールしたほうが評価も高くなります。

とはいえ、これらはビジネスパーソンとして最低限、必要とされることです。**評価が高い人は、自分の弱みは致命的にならない程度に克服して、「強み」をより伸ばすことに注力しています。**

「緻密性」が低かったら、致命的なミスをしないように注意しながら、スピードの速さを仕事に活かす。「配慮・サービス性」が低かったら、周囲の人たちを気にかけながら、圧倒的な成果を出す。「相談度」が低かったら、自分で意思決定して責任を取る。

会社が求めているのは、必ずしもバランスの良さではありません。**個々の「強み」を活かして成果を出し、「影響力」を高めることなのです。**

評価を高める最大のカギは「影響力」

すべての評価を決める決定的な要素、それは「影響力」です。「評価されている人」をひと言でいうと、「影響力のある人」なのです。

では、影響力とは何でしょうか?

たとえば、グーグル、アップル、フェイスブック、アマゾンなどの人気企業を考えてみてください。世の中に大きな影響力を与えている会社ほど業績が伸びていますし、1社が影響を与える人数も比例して増えていきます。

ヒット商品を生み出せば、自社の業績が上がるのはもちろん、関連企業などにもプラスの影響を与え、消費者やユーザーの生活にも影響を与えるなど、社会全体にその影響力が広がっていく。給与は、あなたが会社を通して世の中に提供した価値の量によって決まります。会社や世の中に価値を提供したということは、影響を与えたといえます。だから給与も高くなるのです。

提供する価値の量が多い人は、昇格していきます。昇格すると、部下や関わるメンバーの数も増えていきます。

部下やメンバーの数、顧客の数、関係者の数、任されたミッションの規模や予算によって、影響力は大きくなり、それに比例して等級も給与も高くなります。つまり、より大きな影響力を発揮していくことと評価は密接につながっているのです。

では、影響力を高めていくには、どうしたらいいのでしょうか？

「タスクマネジメント」と「ヒューマンマネジメント」を掛け合わせた影響力の面積、そしてリーダーシップの発揮度合いによって、影響力は決まります。

タスクマネジメントにおいては、自分が回すＰＤＣＡサイクルをより大きくしていくことです。

個人のＰＤＣＡから始まり、チーム、課全体、部門全体と、ＰＤＣＡサイクルの輪が大きくなるごとに関わる人数が増え、規模も予算も増え、影響力を与える範囲が大きく広がっていきます。

ヒューマンマネジメントにおいては、「協調性」や「主体性」を身につけ、人材育成を行う人数を増やしていくことが重要です。

たとえば、チーフなら5人、課長なら10人、部長なら30人と、昇格するごとに育てる部下やメンバーの数が増え、育てた部下やメンバーが昇格し、人を育てる立場になれば、会社に影響を与える人数がさらに増えていきます。

そして、影響力を高めていく際に重要になるのが「性格」です。

たとえば、「批判性」が高く、人の悪口をいって周囲を不快にさせたり、「頑固」が高くて周りの意見を聞かないと、「あの人は嫌だ」と思われて影響力を阻害します。「堅実性」が低くて締め切りを守れない、「緻密性」が低くてミスを起こすといったことがあると、ＰＤＣＡを回せなくなり、悪い影響力を発揮してしまいます。

あらためて、なぜ自分の性格を知る必要があるのか？

それは、性格的特徴がマイナスに作用して、影響力を阻害するネガティブな要素になるのを防ぐためでもあるのです。

マネジメントとリーダーシップによる「影響力」の増大

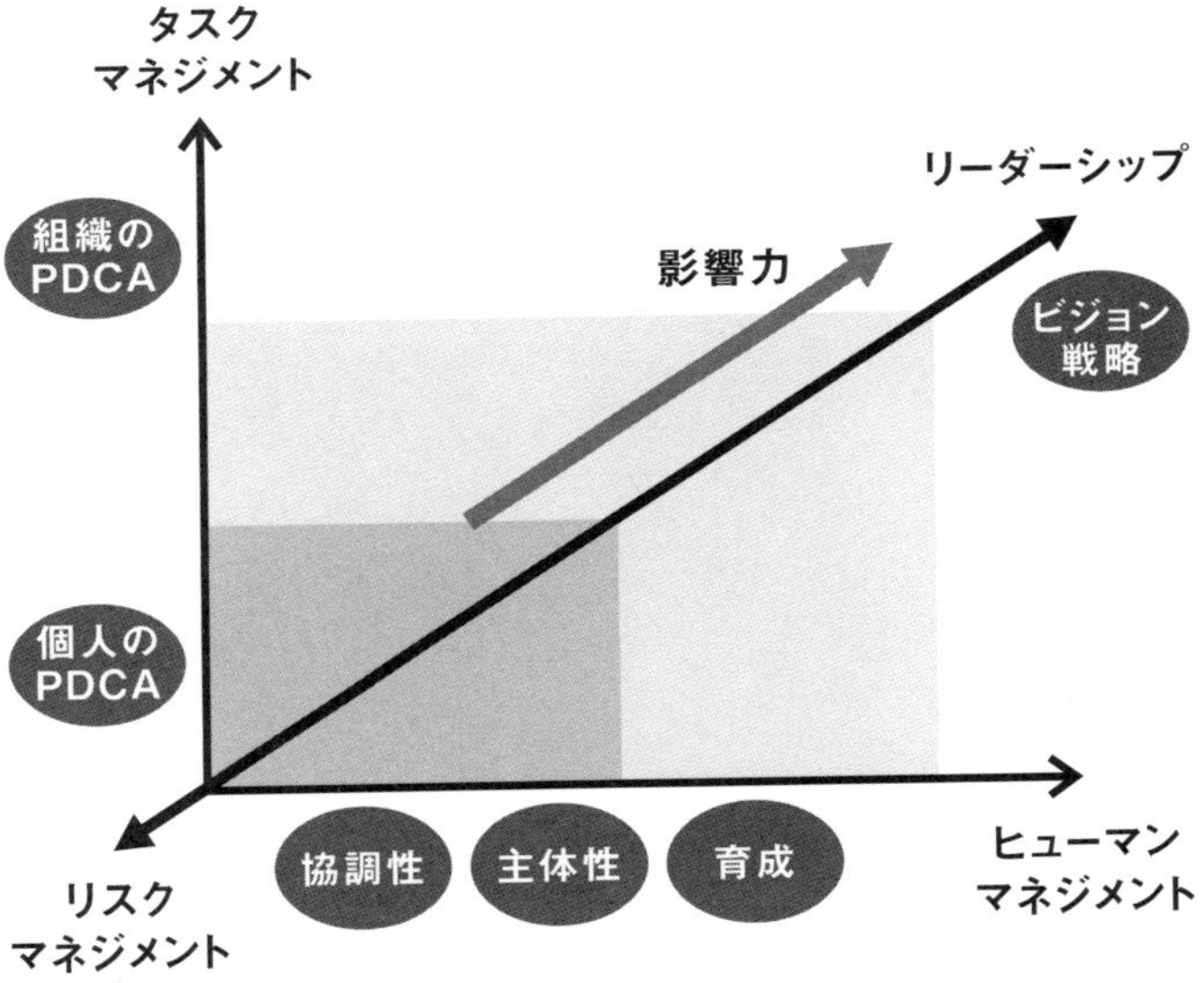

ビジネスにおける成長とは、この図の面積を増やしていくこと。
面積の増大によって、影響を与える範囲が広くなっていく。

影響力とは、周りを変えることです。評価される人とは、良い影響を周囲に与えられる人です。周りの人々を巻き込んで、その影響力をどんどん大きくできる人です。

あなたの「強み」を伸ばして、「良い影響力」を発揮していきましょう。そうすれば評価も給与も高くなり、仕事も、人生も、もっと面白く、楽しくなります。

おわりに
――自分を知って楽しく生きよう。あなたの個性を力に変えよう

本書に掲載した「自己診断チェックシート」のベースとなった、パーソナリティ診断ツール「B-CAV® test II」を開発した際、私は次の言葉をキャッチフレーズにしていました。

自分を知って楽に生きよう。
あなたの個性を力に変えよう。

悩みを抱えている人の多くの問題は、自身のキャリアに関することや、職場やプライベートの人間関係だったりします。
では、どうして多くの方がこのような悩みを抱えることになるのでしょうか？

それは、本書でお伝えしてきた通り、自分自身のことをわかっていないことが大きな原因の1つです。

自分を知っている人は、自分の特性を理解することで、望むキャリア、ストレスコントロールの方法、最善の生き方を自らの意志で選択することが可能になります。

自分を知ることで、生きづらいと悩んでいる多くの人々が「楽」に生きることができる。そんな思いを込めたのが、キャッチフレーズの言葉でした。

ところが、あるとき、私の師である小田全宏先生から、こんな話をお聞きしました。

「『楽《らく》』と『楽しい』は、正反対なんですよ」

「楽」と「楽しい」は、同じ「楽」という漢字で表しますが、その意味するところは真逆のベクトルだというのです。

「楽」は、苦労しないで簡単に何かを手に入れたい。努力をせずに何かをしたい。要は、かける時間を短くしたい＝「できるだけやりたくない」ということ。

一方、「楽しい」は、手に入れるのは時間がかかるけれど、ずっとやっていたいと思うこと。没頭して長時間、ずっとやっていたいと思うこと。

たしかに、と思いました。私はゴルフが好きで、毎月のようにゴルフをしているのですが、上手になるのは「楽」ではありません。必死に練習しても、なかなか思うようにスコアが伸びません。でも、「楽しい」です。何時間やっていても飽きません。

では、仕事の場合は、「楽」と「楽しい」のどっちがいいのでしょうか？

「ワークを楽にして、ライフを楽しくしましょう。」

これが昨今、多くの方に支持されている「ワークライフ・バランス」の考え方だと思います。政府が推進している「働き方改革」にしても同じ考え方でしょう。

私自身が望んでいるのは「ワーク・ライフ・ブレンド」です。「ワークとライフを同じ土台の上で考え、どちらも楽しむスタイル」です。仕事をすることが楽しい、いつも夢中になって仕事したい。そういう人生を送れたらいいなと思っています。

でも、私も、昔は「ワークライフ・バランス派」でした。

ワークは「生活していくために、本当はやりたくないけれど、仕方がなく、やらなければいけないものなんだ」と思っていました。だから、早く家に帰りたいし、土日は働きたくないし、月曜の朝は憂鬱《ゆううつ》の気分でした。

しかし、キャリアを重ねるにつれて、ワークは「それほど嫌なものではないもの」↓「意義のあるもの」↓「喜んでくれる人がいるもの」と実感できるようになってくると、ライフとワークのバランスは、さほど重要ではなくなってきました。

グーグルの元ＣＥＯのエリック・シュミット氏も、こうおっしゃっています（『How Google Works』エリック・シュミット、ジョナサン・ローゼンバーグ、イーグル・アラン／土方奈美訳／日本経済新聞出版社）。

「多くの人にとって、ワークはライフの重要な一部であり、切り離せるものではない」

何を望むのかは、人それぞれの価値観によるでしょう。働く時間を減らしたいという意向もあってしかるべきだと思います。そういう状況にならざるを得ない場合もあるはずです。

ただし、「楽」な仕事は、じつは「楽しく」はないのではないでしょうか。私が「楽しい」と感じるのは、苦労して頑張った仕事をやり遂げたときです。

たとえば、マラソンで42・195キロを走ることは絶対に「楽」ではないはずです。でも、何百万人という人々が全国各地のマラソン大会に出場しているのは、完走したときの達成感が何物にも代えがたいほど気持ち良く、「楽しい」からなのでしょう。野球やサッカーも同じだと思います。勝利を得るための日々の努力は決して「楽」ではないはずです。スポーツに限らず、あらゆる仕事がそうでしょう。「楽しい」ことは、「楽」ではないのです。


自分を知ることは「楽」ではないかもしれません。自分の短所や欠点を目の当たりにするのは、できれば避けたいことです。それでも、自分の「弱み」を知って、うまく対処することができれば、あとは「強み」を伸ばしていくことに集中できます。

すると、仕事が「楽しく」なります。楽しいことをして、評価され、給与も上がり、人間関係も良くなっていくので、人生がどんどん楽しくなってきます。

だから、私は今、みなさんにこうお伝えしたいです。

自分を知って楽しく生きよう。
あなたの個性を力に変えよう。

この本が多くの人たちにとって少しでもお役に立ち、「楽しく生きること」や「個性を力に変えること」のきっかけになることを祈っています。

最後に、本書を出版するにあたり、多くの方々のご協力をいただきました。

クライアントの経営者、人事担当者のみなさま、パーソナリティ診断ツール（B-CAV® test II）を共同開発してくださった株式会社イー・ファルコンのみなさま、そしてフォー・ノーツ株式会社のみんな、万感の思いを込めて感謝の意を表したいと思います。

そして、本書を手にしてくださいました読者の方々に、心より御礼申し上げます。

西尾　太（にしお　ふとし）

人事コンサルタント。フォー・ノーツ株式会社代表取締役社長。「人事の学校」「人事プロデューサークラブ」主宰。1965年東京都生まれ。早稲田大学政治経済学部卒業。いすゞ自動車労務部門、リクルート人材総合サービス部門を経て、カルチュア・コンビニエンス・クラブ（CCC）にて人事部長、クリーク・アンド・リバー社にて人事・総務部長を歴任。これまで1万人超の採用面接、昇格面接、管理職研修、階層別研修、キャリア面談等を行う。パーソナリティと職務行動発揮予見を可視化する適性検査「B-CAV test」を開発し、人事制度と個人のパーソナリティとの関連性を科学的にフィードバックする体制を確立する。人事制度構築・運用、採用・配置・代謝の人材フロー、労務、教育体系構築・実施など、多くの企業の人事の現場における人事機能構築と運用についての実践的なコンサルティングは各方面から高い評価を受けている。著書『人事の超プロが明かす 評価基準』（三笠書房）、『働き方が変わる、会社が変わる、人事ポリシー』（方丈社）ほか、共著に『人事担当者が知っておきたい、10の基礎知識。8つの心構え。』『人事担当者が知っておきたい、8の実践策。7つのスキル。』（いずれも労務行政研究所）などがある。

人事《じんじ》の超《ちょう》プロが教《おし》える 評価《ひょうか》される人《ひと》、されない人《ひと》

なぜ、結果《けっか》を出《だ》しているのに評価《ひょうか》が低《ひく》いのか?

2018年12月20日　初版発行

著　者　西尾　太
発行者　吉田啓二

発行所　株式会社 日本実業出版社　東京都新宿区市谷本村町3−29 〒162-0845
大阪市北区西天満6−8−1 〒530-0047

編集部 ☎03-3268-5651
営業部 ☎03-3268-5161　振　替　00170−1−25349
https://www.njg.co.jp/

印刷／壮光舎　　製本／共栄社

この本の内容についてのお問合せは、書面かFAX（03−3268−0832）にてお願い致します。
落丁・乱丁本は、送料小社負担にて、お取り替え致します。

ISBN 978-4-534-05653-5　Printed in JAPAN

日本実業出版社の本

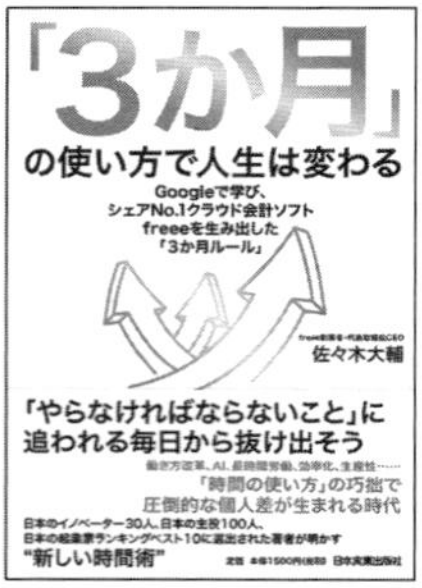

Googleで学び、シェアNo.1クラウド会計ソフトfreeeを生み出した「3か月ルール」

「3か月」の使い方で人生は変わる

佐々木大輔
定価本体1500円(税別)

Googleでのプロジェクトを成功させ、さらにシェアNo.1クラウド会計ソフトfreeeを開発した「3か月ルール」とは？　「やらなければならないこと」に追われる毎日から抜け出そう。

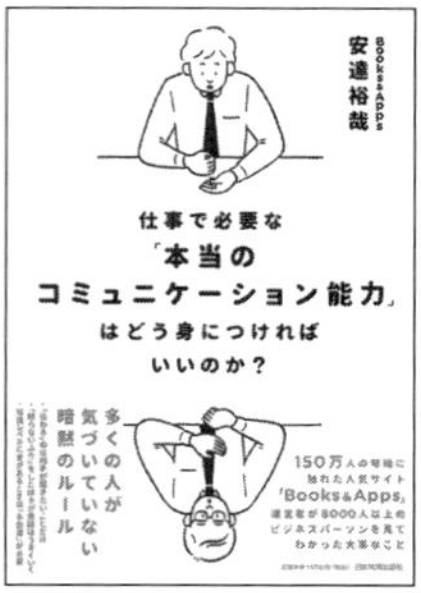

仕事で必要な「本当のコミュニケーション能力」はどう身につければいいのか？

安達裕哉
定価本体1400円(税別)

コミュニケーション能力とは何か、どう身につければいいのか？　8000人以上のビジネスパーソンを見てきた、人気サイトBooks&Appsを運営する著者がその答えや基本ルールを明らかにする。

「一流の存在感」がある人の振る舞いのルール

丸山ゆ利絵
定価本体1400円(税別)

一流の人たちだけが知っている“暗黙のルール”を初公開。「アゴの角度に姿勢は表われる」「会食時に財布を見せるな」など、社格、専門性、能力にふさわしい振る舞い（プレゼンス）が身につく。

定価変更の場合はご了承ください。